# 人生は満たされつつある建築で溢れている

鳴海雅人

青弓社

人生は満たされつつある建築で溢れている／目次

装丁——滝澤博［四幻社］

# プロローグ　人生の旅は続く——変わらないために変わり続ける

旅は続く。
なぜ人は旅に出るのか。
それは、なぜ、わたしが建築を創り続けるのかという問いに等しい。
なぜ人は旅に焦がれるのか。
なぜ人は故郷を離れようとするのか。
その問いに答えるように
わたしの建築への旅は続く。

永遠の謎のように思われることがある。
人類がこの土地に誕生したときから、
わたしたちの体のどこかに「旅に出なさい」とささやく声。
人間は、自分のためだけにこの世に生を受けたわけではないことを
気づき始めたいま、
わたしのなかの何かが満たされつつある。
自分のスタイルがわかってきた自分がいる。
これができるなら、人生は味わい深いものになる。
人生の旅は続く。
変わらないために変わり続けるわたしがいる。

# ありえたかもしれない瞬間を求めて
## ――「美とモラルの空間」オリンピックTokyo2020・東京ビッグサイト増築

オリンピック競技の起源は、ヘラクレスの足のサイズだった――。

これは紀元前七七六年、ギリシャ・オリンピアで始まった古代オリンピック発祥にまつわる伝説である。二〇一三年七月十二日、わたしはアテネから西へ車で五時間、ペロポネソス半島の山間部、クロノスの丘を見下ろす林のなかにいた。この場所に、古代オリンピックの遺跡がある。巨大な列柱が崩れ、二千年という時を経て白茶けた礎石が覗く廃墟は、ギリシャにある他の遺跡同様、自在に歩き回ることができる。人けがない暑い昼下がりには、タイムスリップでもしたかのように、濃密な太古の時間に溶け込みそうな気分になる。崩れた石のトンネルを通ると、最古のオリンピック競技場であるスタジアムの前に出る。といっても、二百メートル×三十メートルの直線のかけっこ場が無表情のままそこにあるだけだ。青空の下、平石で引いたスタートとゴールライン（距離百九十二・二八メートル）が、白い砂埃のなかに埋まっている。ここで全裸の体力自慢たちが、栄誉をかけて猛進していたわけだ。

オリンピックの起源伝承のひとつによると、怪力の英雄ヘラクレスが、つま先にもう一方のかかとを合わせておこなう古代の測量方法で、六百歩（オリンピック・フット）分の距離を定めて、ここで最初の徒競走をおこなったらしい。ヘラクレスの足の大きさは、逆算するとおよそ三十二センチ。古代の英雄たちの足の大きさは、現代のアスリートとさほど差がなかったかもしれない。

かつての勝者は自分の能力におごることなく、オリーブの冠をいただき、真っ先に神に感謝を捧げた。少なくとも最初のうちは。

理念がいかに人間の欲望によって崩れ、それにともないオリンピックが変質していくか。古代と近代のふたつのオリンピックをみるとき、その両者に不思議な類似性をみることもできるだろう。

近代オリンピックは百年以上の歴史をもつ。その起源は十九世紀末のヨーロッパの政治・社会情勢とふたりの男の努力が生んだ偶然のたまものだった。ふたりの男とは、オリンピック復活を考案し、提唱したウィ

リアム・ブルック博士（イギリス）、その理想の実現に向けて大胆不屈に突き進んだ「近代オリンピックの父」ピエール・ド・クーベルタン男爵（フランス、一八六三―一九三七）である。イギリスのスポーツ教育制度の精神である「勝つことではなく参加することに意義がある」、そして「不名誉なのは闘って敗れることではなく、闘わないこと」、またラテン語の「より早く、より強く、より高く」という標語も、ジャーナリストであるクーベルタンによるものである。当時、多くの競技会が主に国内中心だったのに対し、クーベルタンは若者の教育と、古代ギリシャのオリンピック停戦にヒントを得た世界平和の促進を理念に掲げ、国際的な大会を継続するために行動するなどし、自らの財をもつぎ込む熱意を見せたのである。

オリンピックが、聖火リレーなど神話を題材とした仕掛けとともに巨大な祭典に仕立て上げられたのは、一九三六年のベルリン大会以降のことである。オリンピック運動に全資産を使い果たし、クーベルタンは妻に教職でも探すよう責められたという逸話もあるほどだ。翌三七年、彼はスポーツ教育学に関して、次のような言葉を残している。「スポーツは芸術の製作者として、また芸術の機会としてみなされるであろう。また生きている彫刻であるアスリートを作るため、美を創造しているといえる。そしてアスリートのための建築やイベント、またそれが生み出す祝祭という、もうひとつの芸術の機会を提供する」。古代ギリシャでは、

建築、舞踏などは教育的なものであり、また倫理感を高めるものと考えられていた。「アテネからやってきた翌日、窓から日の出を待っていた。最初の一筋が谷間を射してすぐに遺跡に向かった。私が選んだ教えはモラルという建築だった」。クーベルタンはこのように書き残して、スイス・ジュネーブでこの世を去る。クーベルタンにとってオリンピックとは自身の世界観を現出させるにふさわしいものだったのだろう。

国際平和促進のために近代オリンピックの発展に情熱を傾けたクーベルタン男爵の思いとは裏腹に、ナチス・ドイツのプロパガンダとして利用されたベルリンオリンピックのように、オリンピックが国威発揚の舞台となってしまった現実がある。とはいえベルリンオリンピックでヒーローになったのは、アメリカの黒人選手ジェシー・オーエンス（一九一三―八〇）だったのは、皮肉な偶然といえる。これぞ歴史の矛盾ともいうべきものだろうか。いや、そもそも必死に競技させながら「大切なのは勝つことではなく参加することである」と説く近代オリンピックの体質そのものに内在する矛盾だといえる。オリンピックとは世界に現存する矛盾を本質とした二十世紀最大の象徴装置なのだ。

一九六四年十月十日、東京。わたしは六歳、青森市立長島小学校一年生だった。この年の十月二十五日、石原慎太郎（作家・元東京都知事、一九三二―）は、「日刊スポーツ」新聞のなかでこのように述べている。

「国旗が入場し切った後、開会式とは違って列をすっかり崩した選手たちが群がって入って来る。最後尾の日本の旗手に追いついた彼らは、たちまち日の丸を旗手ごと肩車にかついだ。この別離はそのまま再会につながるのだ。人間が魔につかれて愚かな戦争を起こさぬ限り、人間の美と力の祭典は所を変え、きり無くくり返されていく筈なのだ。聖火は消えず、ただ移りゆくのみである。この祭典は我々に、人間はかくもそれぞれ異なり、またかくも、それぞれが同じかということを教えてくれた。（略）たかがスポーツ、というなかれ。たかが無償のスポーツであるために、我々は我々の最も深部に欠けているものについて知らされるのである。

即ち、身心をかけて努め、闘うということの尊さである。

我々は今日の文明の非人間的な便利にまぎれてそれを忘れてはいないだろうか。それを知ることが、我々が催した祭典の唯一のそしてかけがえがない収穫でなくて何であろうか」

こうしてそののちに東京都知事になった石原氏の夢は、一度の挫折を経て、再び姿を変えて二〇二〇年に結ぶことになる。

わたしが所属する佐藤総合計画の代表作は「東京ビッグサイト」だが、現在増築の設計が進行中である。というのもビッグサイトは、二〇二〇年東京オリンピックの「国際放送センター（IBC）」とメーンプレスセンター（MPC）」となることが決まっているからである。

東京ビッグサイトは、オリンピックに合わせてコンボックスという展示空間のユニット（四十五メートル×四十五メートル）をさらにウォーターフロントに延ばしていく。ただし競技会場ではないので、展示空間として機能的にフィットさせるとともに、将来に向けたフレキシビリティーが求められる。

展示機能のシステムは従来からのシステムを継承しながらも、現代社会に合わせた空間の使い方や仕組みが多く盛り込まれている。安全のための耐震法規制や防災強化、地球環境保全のための創エネルギー・省エネルギー配慮、高度なセンサーで人がいる領域だけを快適にする空調システム、日本独自の木素材を活用した建築などの挑戦的な試みも、オリンピックと同じく時代とともに進化している。

三島由紀夫（作家、一九二五―七〇）は一九六四年九月十四日、「報知新聞」のなかでこのように述べている。「体操というものは美と力の接点であり、芸術とスポーツの接点である。他のスポーツのように、芸術の岸から見て完全に対岸にあるものではない。（略）あんなに直線的に、鮮やかに、空間を裁断してゆく人間の肉体。全身のどの隅々までも、バランスと秩序を与え続け、どの瞬間にもそれを崩さずに、思い切った放埒を演じる肉体。……全く体操の美技を見ると、人間は確かに昔、神だったのだろうという気がする」

世界中の注目を集めるオリンピックの華は、なんといっても人間の基本的運動能力を競う個人競技だろう。どこかに限界があるはずだが、記録は絶えず更新され、その記録がどこまで伸びるかは誰にもわからない。用具の進化と改良の効果も大きいだろうが、選手の体や動作そのものが競技である以上、人間とともに、また時代が下るとともに徹底的に改良され、さらにこれからも改良されていくにちがいない。

女子アスリートの鍛え上げられ均整がとれたボディーは、ファッション雑誌の表紙を飾るようになっている。

いまやアスリートは美のひとつの基準にもなろうとしているのだ。

「ボディーメイキング」という言葉が近頃よく使われるように、ファッションの関心が衣服よりも身体そのものに移りつつあるなかで、まるでサイボーグのような体を鍛え上げたスポーツ選手がスーパーモデルの役割を果たすようになってきている。実際、化粧を施しアクセサリーを付けて競技する選手はめずらしくない。

わたしも素人ながらアスリートのひとりと自任はしているものの、残念ながら体力の低下はとどまるところを知らない。スキージャンプもやるのだが、推力はそれほどもたないけれども、空に舞い上がってから、空気抵抗だけで、まるでスローモーションのようにゆっくり降りてくるのはなんともいえない開放感がある。一度ジャンプして高度を上げておいて徐々に高度を下げたいものだ。ランニングにも挑戦した。水泳はもともと選手だから、バイクをやれば、究極はトライアスリートになることも可能かもしれない。

美しく生きることと、山を登ること、マラソンを走ることは似ている。

ただ現実にはどんなに体調が悪くても、状況が思わしくなくても、人生という舞台から逃げるわけにはいかない。進み続けることにこそ意味がある。走りを歩きに変えてもいい。ときには伴走車に乗り込んでしまってもかまわない。だが決して自分のレースを投げ出してはいけない。自分自身から逃げられないという状況は苦しい。しかし、それがすべての人間に課せられた運命でもある。そして少しばかり満たされる何かを追い求める。

マラソンでは、走っているうちに気分が高揚するランナーズハイという現象が起こることがある。「生きるということの美しさ」とは、人生を逃げずに走り続けている人に訪れる「精神のランナーズハイ」といえるのではないだろうか。

そしてそこには、美の価値観がまぎれもなく潜んでいると思われる。

自分の宿命から逃げずに、懸命に立ち向かうその姿には、必ず「美」という月桂冠が与えられるはずである。

ものづくりとしての建築プロセスも、オリンピックとなんら変わることはない。「より早く、より高く、より強く」という理想に、「より美しく」というもうひとつのモットーが加わっていくのである。

# 場所の空気を少し違った空気に変質させる建築
## ――「白いねぶた」青森市新庁舎プロポーザル当選案

情景ははっきりしているのに、全体が見渡せない。

いつの間にか話がずれていき、やがて新しい話が始まる。語り手がふいに入れ替わる。話の筋にはときに矛盾があって、妙にひっかかる。あるときの、ぼんやりとした時間とそこに流れる空気とは、そもそも、形をもたない生き物のようなものだろう。

短篇集『匿名芸術家』(青木淳悟、講談社、二〇一五年)のなかの「四十日と四十夜のメルヘン」は不思議な物語だ。不思議さをそのまま生け捕りにした小説といっていい。

それは、わたしが「建築」でやろうとしていることと同じではないか、とふと気づかされる。虚構の世界を築くのではない。現実世界のある場所の空気を、少し違った空気に変質させるのだ。この小説もまた、東京のある場所の空気を、作家志望の「わたし」が、それを書きながら嗅いでいる空気に変質させていったのだ。嗅いでいる空気が、それを書いているときの空気なのだから、その作りは、「すでに」書かれているものを書くという、入れ子状のものにならざるをえない。そしてもう一回り大きい入れ子で「くるんだ」ものが小説の全体として現れるという構造になっている。言い換えれば、それが書かれている頃の「わたし」を現在の「私」が振り返る、という作りから、めぐりめぐって、全体で漠とした雰囲気を醸し出している。そこにあるのは、出口が見えない、日々の繰り返しに悶々とした人間の生活の空気である。

空気が関係の織り成す生き物であるように、この小説も関係の生き物だといえるだろう。閉じずに揺れ動き、完結しない。こんな大胆な小説にならい、このような空気感を、建築空間を通して実現したいという思いを込めたのが青森市新庁舎だ。

青森市が生んだ偉大な芸術家・棟方志功(一九〇三―七五)はわたしの小学校の大先輩だが、志功の作品のなかでも物語性に富んだ感動的な版画として『華狩頌《はなかりしょう》』(一九五四年)がある。

この版画は、かつての青森市民ホールの緞帳絵図にもなっていて、わたしが担当する新青森市庁舎では、一階市民サロン壁面に掲げる計画が進んでいる。

志功自身の言によれば、『華狩頌』の構図のもとになったのは、法隆寺の『四天王獅猟文錦裂』に見られる、ペルシャに源流を発する連珠紋の円形のなかで馬上から獅子を射ようとしている四人の騎士のモチーフと、さらに古代朝鮮の高句麗古墳にある舞踏家の壁画の狩猟図だという。見ると確かに、馬と射手の格好はほぼ同一のようだ。また高句麗人の狩猟には、先の丸い鏑矢《かぶらや》が使われていたことがわかる。鏑矢（鳴り矢）は、動物を射るというより、音で気絶させる程度に使われていたらしい。

志功はのちに製作の動機を次のようにも語っていた。

「アイヌが「祭する」とき、いちばん先に、東、西、南、北に向かって、特別きれいなけずり花……のようなご幣のような矢を天に向かって四方にそれを打つんです。花を狩るこころおもいで版画しました。けものを狩るには、弓とか鉄砲とかを使うけれども、花だと、心で花を狩る」

『華狩頌』のルーツは、ペルシャ、古代朝鮮、アイヌの花矢と、その三つがやがてひとつの構想にまとまったものである。馬上の騎手が弓を射る格好だけで、弓も矢も持たず、心で花を狩っている姿を描いて、敗戦直後の日本人の切願だった平和愛好の精神をも込めていただろうこの版画は、世界各国の美術館に収められるほど海外でも高い人気を博す作品になった。ロマンと土俗性、また、装飾性がほどよく調和して、可憐で愛嬌がある好ましい雰囲気を醸し出している。青森市新庁舎は市民サービスという枠組みを超えて、心で市民が触れ合う象徴的な空間となるはずだ。

青森には、これもわたしの高校の大先輩にあたる太宰治や寺山修司のような文学者がいる。彼らが紡ぐ物語も、現実世界のある場所の空気を、違った空気に変質させている。

本州最果ての地の古き文化の記憶、三内丸山をはじめとして多数存在する縄文時代の遺跡——すなわち歴史が今日につながっている。豊穣なる水脈がわたしたちを歴史へと誘うのである。

青森の夏はねぶたの熱気に包まれる。街全体がどことなく揺らめき、これぞ縄文そのものだ。現代の日本人のなかにも縄文人の精神性や土俗性は確かに流れているが、それらは文明のなかで幾重にも折り重なって包み隠されてしまっている。

古層を明らかにするには、表層にある様々なものを剝がし取っていかなければならない。「縄文の本質は引き算にあり入れ子にある」と悟ったのは、この縄文土器を見たときだ。見つめているうちに、燃え上がる炎は決して「具象」ではなく、むしろある高度な「抽象」の結果としてそこにあるということが読み取れた。

思い込みを捨ててはじめて、本質を見極めることができる。

縄文への想いに至る道は、現代人がもってしまった「いにしえ」に対する様々な思い込みを捨てていく過程のなかにある。

三内丸山遺跡は、いまや鉄やガラスや電子情報網が張り巡らされて、遺跡が放つ空気自体が、キラキラとした文明の気配に包み込まれてしまっている。建物を抜けて原っぱに出ると、あちこちに復元された住居群は「純正」な設えのなかに作られ、遺跡があるような場所にしばしばありがちな「フェイク感」は希薄だ。とりわけ、屋根が地面と一体化し、草が生えて「塚」となっている家は、独特な風土の佇まいである。

縄文の時代までさかのぼると、建築の素材の真新しさはいまと変わるはずもない。そもそも「古色」というものは年月の経過がもたらす幻のようなものである。何千年も続いた「縄文時代」という長き時間の流れをひとまとまりに認識すれば、そこに「いにしえ」が立ち現れる。しかしそのときに生きていた人にとっては、「いにしえ」も何もない。ただ懸命に生きる「いま、ここ」があるだけのことである。それは、いまここに立つわたしと変わることはない。

縄文人はもちろん縄文と呼ばれることに自覚的だったはずもなく、土器を使った名もなき人は、それが国宝だと思って手を動かしたわけでもない。わたしはそのように立ち現れる古色というものに心を引かれる。そしていまのわたしたちの生活もやがて古色を帯び始めるのだ。縄文は土のなかに深く埋もれているもの、普段は日の目を見ることもなく、現代文明の利器を行き交うこともない。空気に触れることで、「いにしえ」は現代のわたしたちの意識と交じり始める。「いにしえ」が、空中を飛び交う現代の都市や建築や情報網と接する。

地面のなかに埋もれていることであらゆるものは浄化される。住居群の近くにある環状列石もそうだ。わ

たしたちは、この時空の入れ子状の不可思議に満ちた地上で、つかの間の生を営み、やがて土に返る。人も物も古色を帯び浄化される。

丸みを帯びた市庁舎の造形は、「世界一の積雪都市青森」にあって雪の吹き溜まりを作らないものとなっている。冬の南西からの冷たい風も、吸収し分散させる。唯一無二の合理的・必然的な「青森の形」である。三次元の彫刻的な造形は「白いねぶた」をイメージした。また中央の四本の御柱は、三内丸山の六本の御柱を念頭においている。

青森の歴史と未来、地と天をつなぐ「市民のよりどころ」となるように考えてきたものである。

「埋もれてこそ輝きを増すもの、そして、埋もれたところから空に向けて輝きを増すもの」

青森の空気が変わり、空気を変える。

これこそが青森市新庁舎である。

## 世の中で変わらないものは、「変化する」ということである

### ――「個が自然の摂理と結び付く」中央省庁建築レトロフィット（霞ヶ関）

二十一世紀がはじまってから十六年が過ぎた。一九四五年の終戦から、いま七十二年目を迎えている。当然のことながら、これは戦争の記憶を生々しくもっている人が加速度的に減っているということでもある。ただ、記憶は、たとえ不十分なものであれ、伝えることができる。七十一年を超える建築もまた人間とともに、戦争の記憶をもち、いま、地震の加速度を柔らかく建築に伝える技術の進化によって、記憶と記録をよみがえらせることができる。まさに「歴史を価値に変えるデザイン」である。

日本は世界有数の地震国であり、一九二三年の関東大震災から二〇一一年の東日本大震災までに、マグニチュード六・八を超える地震が四十回以上にわたって日本国内やその近海で発生している。家屋被害は八十六万棟を超え、人的被害（死者・行方不明者）は十三万人以上にのぼっている。ここ二十年の間にも阪神・淡路大震災、中越地震、東日本大震災、熊本地震などが起こり、活断層の上にある火山国日本の国土は、まるで「地球を揺らす島」とでもいえるのではないか。

地震被害をきっかけに、建築を地面と「縁を切って」作ることができれば、被害は最小限に食い止められたのに、と考えた人は多い。実際、制震方式や免震方式をはじめとする多くの構造物耐震機構が日本で開発されてきた。

たとえば「鎌倉大仏」は、一九五九年の改修工事の際に、台座と仏像の間にステンレス板を敷くことで、仏像首部への衝撃を緩和するという免震効果をねらっている。いわゆる「免震」の研究はおよそ百三十年前から日本の地でおこなわれているが、その研究はしかし、日本人ではなく、イギリス人ジョン・ミルン（一八五〇―一九一三）によって始められた。彼は一八七六年から九五年までの期間、東京大学の教授を務め、しばしば「近代地震学の父」と称される。東京大学在職中、彼はひとつの免震建築を建設し、八五年と八六年の二回にわたってイギリス科学発展協会に報告しているが、本格的な免震構造の実用化は、地震工学の発展や電子解析技術の向上、そして橋梁などで実績を重ねてきた積層ゴムが登場して以後のことになる。

積層ゴムを使った免震構造は一九七〇年代にフランスで生まれ、それを採用した「マルセイユのラムベスク小学校」や「クルアス原子力発電所」などがある。日本では八三年につくられた「八千代台住宅」が最初の建築であり、その後、一般免震建築は約七千棟と、いまや日本は世界一の実績を誇る免震建築国になっている。

免震構造は新築建築だけではない。既存の建築に、免震装置を組み込むことができるのも特徴だ。歴史ある空間が建築家の手によって、新たな価値をもって生まれ変わるというのはこの意味だ。

そこでひとつの問いが生まれる。わたしたちデザイナーは、どのように空間と対峙し、魅力を引き出していくのか、という問題である。

「レトロフィット（retrofit）」という言葉がある。直訳すると「旧型式の機械を改装改造して新型式にすること」、つまり文字どおり「レトロ＝懐古的であり古いものを好むさま」を「現在の様式に適応させる手法」である。建築の場合、価値がある意匠造作を守り、社会的に重要な施設として震災時に人々や財産を保護するという役割の他に、周辺地域の防災に貢献する施設としても機能することが重要だ。まさに「リノベーション（再生）」である。

「中央省庁建築レトロフィット」は、わたしたち佐藤総合計画が設計・監理を担当しているが、一九四〇年代の当初設計は大成建設が担当し、四三年に建設されている。

この建物は築七十三年にわたって、国家予算をはじめ、税の運営事業などを守る国の重要機関に使用されてきた施設である。本庁舎の建築面積は約一万千八百平方メートル（約三百六十坪）、延べ床面積は約五万六千二百平方メートル（約千七百坪）、SRC（鉄骨鉄筋コンクリート構造）地上五階、地下一階という規模をもち、免震レトロフィットによる「居ながら耐震改修工事」としては、世界最大級の計画である。

「居ながら免震レトロフィット」は、建築内での業務をおこないながら、上部の軀体に耐震部材を加えることなく、地震に強く安全な建築にすることが可能である。当初の設計思想を踏襲しながら、歴史的価値が高い外観を変質させることなく、業務の一次停止が難しい建築に有効だ。しかし、庁舎の場合、不特定多数の来庁者を受け入れるため、その通常業務をおこないながらの工事は高度な技術と経験を要する。

工事過程について細心の注意を払いながら、設計図を描かなくてはならない。

まずおこなわなくてはならないのは、免震装置取り付けにともなう内装耐震改修である。耐震二次部材

（壁・天井・家具など）の改修や、空調給排水設備工事は、施設内での業務を止めることなくおこなう工事のため、手順上のきめ細かな工夫が必要だ。また、工事の騒音振動対策、来庁者動線・職員管理動線、セキュリティーはもっとも厳格な対応である。工事中の災害有事対応では、免震層への切り替え工事時点に大震災が起きても建築が崩壊しないように、仮設補強してでも耐震性を確保したうえで実行されなくてはならない。

　このようなことを念頭におきながらも、設計思想を踏襲した改修、つまり、残す部分、解体する部分、改修する部分の見極めが大切になってくる。

　この中央省庁舎には三つの中庭がある。東側の桜田通りに面した東門を正面として、そこから中庭を車が通過でき、中庭には車寄せがある。この東門は石貼りの三連アーチ型の門となっていて、アーチの北側を職員用、中央を車両用、南側を来庁者用に利用している。敷地全体が西側国会議事堂方面（潮見坂・三年坂）に向かって高くなる傾斜地になっていることから、西側入り口を一階とすれば、東側

入り口は地下一階という高低差を利用したつくりになっている。

東側正面から入る中庭に面して中央玄関があり、そこから入るとホールの石の大階段、そして歴代大臣の肖像写真が並ぶ講堂に至る回り階段がある。品格あるこの歴史的意匠をそのまま残すことになった。そしてこの時代に照らして、そのまま残すということは容易ではない。その思想を「尊重しながら、ある意味では似たようなものを創造する」と考えることこそ、究極の保存プロセスといえなくもない。

このことは世界の芸術に照らしても一目瞭然といえる。

「ピカソとアングル」をテーマとした展覧会で感じたことを記しておきたい。

ドミニク・アングル（一八二〇―五六年）は『泉』などで知られた新古典派の巨匠であり、パブロ・ピカソ（一八八一―一九七三）はアングルのオマージュ（似たものを創作する）を数多くおこなっている。

そんなアングルでさえも「私はオマージュしつつ独創的であることが自分には出来ると思う。いったい偉大な人々でオマージュしなかった者がいるであろうか」と語っている。天才はすべて、過去の作品を下敷きにして自己を超越してきたことを証明するかのような言葉がここにある。

また、ジョアン・ミロ（一八九三―一九八三）の初期の展覧会を見ると、ミロはフェルメールなど偉大な芸術家から借用した作品を何点も制作しているのだが、少なくとも二十世紀の芸術家の自己超越の手段として、歴史的な作品のオマージュ、借用・引用・転用の行為は、芸術の創造での重要な要素のひとつであることがわかる。

さらに、文豪ゲーテは独学を認めない。独学には、歴史的背景が欠如していることが多いからだ。

わたしが創る建築も、経験・体験した形態と既成の歴史観を念頭に、今日的な視点でオマージュし創作しているにすぎないのかもしれない。レトロフィット、つまり伝統と対話するということは、そういうことではないだろうか。

何を受け入れ、何を捨てるべきかの判断は、普遍的な個の感性が決定するものだろう。

普遍的な個こそ、どこかで自然の摂理と結び付いている。

## 新聞はしぶとい

――「その国の新聞を見ればその国がわかる」山陽新聞配送センター（岡山県）

紙は衰えるどころか、自らの紙メディアが切り開く新しい世界がある。設計は、スケッチしたり図面を描いたり模型を作ったりする紙メディアを通じておこなわれるものであり、また、CADやBIMなど三次元で設計図を入力するという電子メディアを活用するものでもある。そのような意味では「メディア業界」はわたしにとって興味深く面白く、これほど好奇心をそそられるジャンルは他に見当たらない。

面白い構想を形にして表現する、伝えたくてたまらなくなるのが建築家であり、メディア業界の記者である。最も根源的で古いもの、しかし、最先端の場所だ。世界を見渡せば、メディア業界以上に「最先端の場所」といわれている「グーグル」「フェイスブック」「アップル」「アマゾン」「ツイッター」といった「ネット産業に集うもの」が、日々、メディアに革新をもたらしている。最も古いものが最も新しいものによって大変化を迫られる。その構図の面白さはなんともダイナミックである。

こうした大変化の時代にあって、そのメディア社会・ウェブ社会の未来を解くヒントは、実は新聞にある。いまや新聞は読む人がどんどん少なくなって「風前のともしびではないか」という声が聞こえてくる。はたして本当にそうだろうか。新聞読者層は、六十代が七〇パーセント、七〇代以上が八〇パーセントであるのに対して、二十代は一〇パーセント、三〇代は二〇パーセントとなっている。一方、二十代の七〇パーセント、三十代の六〇パーセントがニュースはウェブから得ているといわれている。スマートフォンの普及は文字情報ばかりでなく動画なども見ることができる点で、速報性・同時性で新聞を凌駕している。

しかし、若い人にとって新聞は本当に魅力がない存在になってしまったのだろうか。わたしは決してそうは思わない。いつの時代も「不安なるもの」は様相を変えてわたしたちの前に訪れる。それが生きているという証拠でもあるのだが、いまが不安な時代だからこそ、新聞という媒体が果たす役割があるのではないか。

新聞の読み方で見えてくる未来があるのではないかと思うのである。どういうことか。

「新聞はしぶとい」のである。

日本の新聞発行部数は、一般紙が四千七百万部、スポーツ紙五百万部、合わせて約五千二百万部である。総発行部数は、一九九七年をピークに減少傾向である。一世帯あたりの普及率も一・二〇部から、二〇〇五年には一・〇四部、現在は一・〇〇部を切っている。とはいえ、いまだ新聞の部数は巨大であり、その数字が激減するというシナリオは想像できない。新聞情報を基点としてウェブやテレビなどに情報が広がっていくので、世論に与える影響は無視できない。しかも新聞社は「宅配」という強力な武器をもっている。高齢者中心は否めず、メディアとしての活気に衰えがみえるとしても、ウェブへの移行とともに生き残ると予測される。

変化を迫られる本や雑誌とは異なり、新聞には「変わらない」というオプションもあるのだ。新聞紙離れと新聞情報記事離れとは意味合いが全く違うのである。

たとえば、朝刊一部には、新書判の本二冊分に相当する膨大な情報が詰まっている。

新聞の最大の魅力とは、決められた枠のなかに簡潔にわかりやすく伝える工夫、見出しでパッと全体像をつかませる工夫、文字だけでなく写真でも記事内容を説明する工夫などが紙面に詰まっていることで、まるで建築の設計図のように完成度が高い。その他、ビジネスや勉強に必要な情報はもちろん、書く力、読む力、分析する力、表現する力、数字を読む力など、様々なスキルを磨く手助けにもなる。新聞は、文章力や表現力、構想力やコミュニケーション力にもつながる。

アメリカのジャーナリスト、スティーブン・ワルドマン氏は次のように言う。

「ニュースの鉱石を地中から掘り出す作業をしているのは今日でももっぱら新聞だ。テレビは新聞が掘った原石を目立つように加工して周知させるのは巧みだが、自前ではあまり掘らない。ネットは新聞やテレビが報じたニュースを高速ですくって世界へ広める力は抜群だが、坑内にもぐることはしない。新聞記者がコツコツと採掘する作業をやめたら、ニュースは埋もれたままで終わってしまう」

デジタル化に舵を切った新聞がジャーナリズム機能を失うことはなく、新しい世界を切り開くことは可能なのだろうか。その答えは、誰にもわからない。

わたしが新聞に求めるものは、料理でいえば「こく」があるようなコラムと良質の調査報道である。そこに良質の「言葉」があるかぎり、新聞は社会にとって必要不可欠なメディアとしての地位を維持し続けるだろう。紙とウェブの違いは歴然としている。紙は総合力勝負、ウェブはタイトルが紙メディアの十倍重要である。紙は理性であり、ウェブは感性ともいえるかもしれない。ウェブ空間では、余韻より断言、建前より本音だ。一貫性より多様性、集団より個人の持つ力が重視される点に特徴があるといえるだろう。

本は紙メディアのなかでネットの影響をいちばん受けにくいが、新聞はウェブと親和性をもっており、かつ社会の未来を開きうるメディアなのである。

山陽新聞製作配送センターの設計に関わり、改めて新聞のすばらしさを知った。「山陽新聞」は岡山県を中心に隣接する広島県東部地域と香川県直島町を主要なエリアとし、朝刊と夕刊セットで販売している。朝刊は四十万部を超え、夕刊は四万部を超えている。岡山県は全国紙が夕刊を出しておらず、一般紙としては岡山県で宅配で読める唯一の夕刊である。

とはいえ、一般紙でありながらも地方紙である。全国紙と異なる地方紙の役割や強みをもたなければ生きてはいけない時代だ。特に地域の「死亡欄」があることは、地域の人間関係を円滑に進めるために、また絆の醸成にとって重要になる。この欄を見て、葬儀に参列したり、連絡したり、仕事の関係作りをおこなったりしている。これは全国紙では絶対に対応できない地方紙の強みだ。また、地域文化芸術の振興発展を願い、新本社ビルでは「さん太ホール」と「さん太ギャラリー」をオープンさせ、地域文化発信拠点として地元岡山の人々に親しまれている。

その他について見ても新聞への興味は尽きない。以前、既存の製作配送センターに出向き、まるで小学生の学習調べ研究のように、改めて新聞ができるまでの工程を学ぶことができた。

何よりもまず「取材」がある。政治・経済の動き、事件・事故、文化・スポーツから街の話題まで記者の取材は昼夜なく続く。そののちに「編集会議」だ。毎日、朝と夕方と夜の三回にわたって各部のデスクが集まり、その日の紙面作りの方針を立てる。相撲ではないが、隠語的に「立ち会い」「土俵入り」と呼ぶこともある。集まった記事を「レイアウト」し、「組版」といってコンピューターに入った記事や写真を取り出し、レイアウトの指示に沿って紙面に組み上げる。百年前の新聞と今日の新聞とで紙面の外見上は大きな違いはない。

しかし、CTS（Computerized Typesetting System）というコンピューターと自動写植機が一体になった組版システムの登場で、革命的といえる技術革新がおこる。そのような工程をへて、文字や文章に間違いがないか紙面をチェックする「校閲」がおこなわれる。できあがった紙面のデータは、専用回線を通して全国各地の工場に送られる。

その工場のひとつがこの配送センターである。工場にある象徴的な装置が、紙の巻き取り工程後の「超高速輪転機」だ。印刷機器である輪転機は、版を巻き付けた円筒と、これを圧しながら回転する円筒との間で連続的に印刷するものである。現在、一時間に十万部を刷ることが可能になっているという。

あとは配送するだけだ。新聞キャリアで梱包され、カウンタースタッカーといって、新聞紙を自動で販売店ごとの部数にまとめ、自動で送り先の宛名をつけて、トラックヤードから配送される。

そして、山陽新聞製作配送センターの場合は、新聞製作工程を見学できるミュージアムも設備されている。先の超高速輪転機のデザインコンセプトは「人の暮らし輪転機」だという。

新聞を通して、知的触発を促しながら人と人をつなぐ——これが新聞の役割なのである。

設計では屋根の角は丸めて、段状にリズミカルにスカイラインを作っている。まるで輪廻転生のように、人生の上書きに見立てることもできる。製作過程の「物語」を、生き方の「形」に。

その国の新聞を見れば、その国がどんな国かがわかる。同じように、その国の建築を見れば、その国がどんな国かを理解することもできるのだ。

## 中国夢風景区1——北京の呼吸と故宮と故宮

北京の秋は「北京秋天」と呼ばれる。日本晴れにも似た秋晴れのシーズンのことを指している。

しかし、残念なことにわたしが滞在した間は、青空に恵まれなかった。

北京の空はなぜか灰色のフィルターがかかっている気がした。それが雲なのか、モヤなのかスモッグなのかはわからないのだが、広い空をかすかに動いている灰色の紗の向こうにはしかし、はっきりと太陽の形が目視できるのだ。そのことがなんとも不思議で、わたしはしばしば空を見上げては思索にふけっていた。

北京は何もかもが茫漠として巨大な都市である。

それは北京首都国際空港に着いたときからの印象で、外は曇っていて視界が悪く、ただ果てしなく広い、つかみどころがない空間が広がっている。

そこここにぼんやりと飛行機のシルエットが浮かび上がっている。

手荷物受け取りもシャトルで二駅先というこの巨大な空港は、空間の全体像を把握しようにもできないのである。なんでもコンパクトに小型化する日本から来た人々にすれば、宇宙に放り出されたような気分になるのだ。万里の長城もそうで、北京市内から平らな直線道路をひたすら走っていると、突然ヌウッと水墨画のような山々がモヤの向こうに姿を現し、さっきまで都会のなかにいたはずなのに突然山奥にいるという雰囲気なのである。何しろ万里の長城は、万里（全長約八千八百五十キロ）もあり、全部が完結した形をしているわけではない。わたしたちが行った居庸関《きょようかん》も、近年になってから修復された場所で、それこそ山肌を糸で縫ったように長城が延々と続いているのが見える。狼煙台への石段はたいへんな急勾配で、段差が大きいうえにそれぞれ高さが違うので、登り降りはたいへん危険だ。宇宙からも見える唯一の建造物として知られる万里の長城「the Great Wall」が世界に認知されたのは一九七〇年代のリチャード・ニクソン大統領訪中以降だというが、いまでは世界中からやってきた人々の言語が飛び交う場所となっている。狼煙台の上にも、やはり灰色の太陽が輪郭を見せて浮かび上がっている。

　中国の木で多く目につくのは柳である。しかも東京の銀座の柳というような、たおやかで優しいものではなく、特に北京の柳は巨大で鬱蒼としていて、同じ柳だとは思えない。

　空間が広いとみんな大きくなってしまうのだろうか。あの「鳥の巣」と呼ばれる北京国家体育場でさえ、周囲の巨大な直方体の建築に比べるとこぢんまりとして見えるのだから、日本の建築物とはスケール感が全く異なる。広州や広東の展示施設の設計に関わったが、十万平方メートルを超えるケタ違いの建築を、日本の通常の半分の工期で完成させるのだ。

　幹線道路の柳は、細身で葉も少ない。景勝地である蘇州の運河沿いの柳は優雅な歴史を感じさせ、水辺が似合う。あたりの

料理店は広くて奥行きがある。入り口は京都の町屋ほどで、広さはなくても、なかに入れば店は奥へ奥へと続き、二階に上がりさらに個室の続く廊下へと通される店に入ったこともある。
大小様々な円卓を見たが、北京飯店最上階のレストランテーブルは、まさに国際会議の「円卓会議」状態で、向かいの人が十メートルは離れている。会食中、わたしはずっとどうやってテーブルの真ん中に花を置いたのかを考えていたほどである。
中国は北京語が公用語なので、北京育ちの人たちは別にして、他の地域では小学校に入ってからはじめて北京語に接するという。北京語と広東語との違いは大きいらしく、カルチャーショックを受けたことは否めない。のちに訪れる台湾でも複数の言語が使用されていることに驚いたが、中国も多言語の世界なのだと改めて思い知らされた。

つまり、中国がもつ二重三重の文化の多様性を知ることになったのだった。

この旅の最後は「故宮」で締めくくっている。

ところで、故宮は不思議な博物館である。全く同じ名前の博物館が中国と台湾にそれぞれ存在している。商標登録合戦になってもいいようなものだが、現実には「ふたつの故宮」はお互いの存在を否定せず、「こちらこそが本家」と声高く叫ぶこともない。ただ、黙々と同じ名前を名乗っている。中華文明の粋を集める収蔵方針にも変わりはない。北京の「故宮博物院（北京故宮）」には美術工芸品など合わせて百八十万点が収蔵されていて、うち八五パーセントは清朝が残した文物からなっている。台北の「国立故宮博物院（台北故宮）」は六十八万点、うち清朝が残したものは九〇パーセントを上回る。両者の収蔵品の形態は酷似していて、この方針を固く守ったまま変えてはいない。しかし、建築については全く異なっている。

「北京故宮」は、明・清朝の皇帝の住居である「紫禁城」という世界遺産を展示空間にしていて、ありきたりの博物館である台北故宮とは比較にならない。

しかも読んで字のごとく北京故宮は「**OLD・PALACE**」＝「いにしえの宮殿」としての象徴的な空間である。皇室の書斎兼執務室である「離宮」と呼ばれた円明園には歴代皇帝のなかで書画骨董に造詣が深く、自身も書家だった乾隆帝の「三奇堂」という部屋がある。まさに世にまれなる三つの文物という意味で愛好した三つの書がこの部屋に飾られている。

しかし、興味深いのは、建築空間の魅力や収蔵品の多さや多様さでは北京故宮が勝るが、クオリティーでは台北故宮のほうが一枚上手ではないだろうかと思われることである。

わたしの足は台北に向いていく。

「旅に出ることは少し失なうことである」という古いことわざがある。

中国への旅を通じて、わたしはその意味がなんとなくわかってきた。

旅の時間という異界に、自分の一部をちょっとずつ置いていくることは、わたしのなかにある何かを失ったことを示しているのかもしれない。

わたしは、いまこのときも自分が、あの恐ろしく重厚な時間をもつ都市の灰色の太陽を見上げ、柳の下でぼんやりと佇んでいるように思えてならない。

## 人生とは不可能にたどり着く前に体験するいくつかの可能性かもしれない

――「東京くじら・郷愁を感じる空間」昭島市生涯学習センター

わたしはかつて、『ふしぎな庭』（イージー・トゥルンカ作、いでひろこ翻訳、ほるぷ出版、一九七九年）という絵本をもっていたのだが、そのなかに、庭の奥に住んでいるクジラの話が出てくる。このクジラは、生まれたばかりのときおじいさんに陸に上げられ、誰もクジラだとわからなかったので、最初はコップで、次は洗面器で、その次は風呂桶で、と飼われているうちにどんどん大きくなり、しまいには湖いっぱいの大きさになって身動きできなくなる。身動きできなくなったクジラを不憫に思ったおじいさんは、百年分の本と雑誌を与える。クジラはせっせとその本を読み、几帳面に一年分ずつ湖のほとりに積み上げているので遠くから見ると本の山に囲まれてクジラの姿が見えない、というのである。クジラの読書はいまもずっと継続中なのだ。

わたしはこのクジラのエピソードがなんともいえず好きである。

人が自らの思索を執拗に進めていくとき、そこには常に内省という方法が抱える越えがたい壁が立ちはだかっている。そのために他者を必要とし、精神分析家を必要とする。

ところで、この精神分析家は、必ずしも人間である必要はない。動物であれ植物であれ、大自然のなかで出合う一つひとつの生命は、人間の思索を導き、正し、整えてくれる力をもっている。人は人ができるかぎり小さく見える場所へ、しかも苦しみを乗り越えてたどり着いたとき、そのときどきの私的な問題が、おのずと解決されていくことを発見するのである。

大好きな映画のひとつに潜水王ジャック・マイヨール（一九二七―二〇〇一）の自伝的物語である『グラン・ブルー』（監督：リュック・ベッソン、日本ヘラルド映画、一九八八年）がある。ライバルのエンゾ・マイオルカ（一九三一―）とともに海に生きた人間を描いた作品なのだが、これを見ると人は海のいちばん深いところを目指して生きているのかもしれないと思う。

『グラン・ブルー』は不可能を目指して、不可能と知りながらそこへたどり着こうと努力している人間の姿を象徴しているのではないだろうか。

人生とは、その不可能へたどり着く前に体験するいくつかの可能世界のことであるようにも見える。満たされない人生が少しずつ満たされていく。人はそれぞれの海のいちばん深いところを目指しながら、その美しさに見惚れ、その深さに恐怖し、いろいろな仲間に出合って別れ、喜んだり悲しんだりしている。浅いうちは周りも見渡せるが、深く潜っていくにつれて光は届かなくなり、何も見えなくなるだろう。暗い海の底で、息を止め、たったひとりでいるとき、行く先を案内してくれるひとつの生命がそこに現れてくれるとしたら……。

こうして大自然のなかで、わたしたちに対峙してくれるひとつの生命のかけがえのなさに気づくとき、わたしたち自身の生もまた、少しばかりそこで輝くことができるかもしれない。

おそらくクジラやイルカはその輝きのことをすでに知っているのだ。

さて、クジラとわたしの建築という仕事について語ろう。わたしは昭島市生涯学習センターの設計に関わっている。

昭島市は、東京都の多摩地域、JR青梅線沿線の人口約十一万人の町だが、一九六一年八月二十日、アキシマクジラの化石が八高線多摩川鉄橋の橋脚からほぼ完全な形で発見された。化石の全長は十六メートル、ヒゲクジラ種で、「アキシマクジラ」(昭島クジラ)と命名された。化石の年代はいまから百六十万年前であり、当時は多摩地域も海だったことが推測される。

その「アキシマクジラ」の化石を展示する生涯学習センターは、主に展示機能と図書館機能が複合された施設である。特徴的なのがその敷地で、昭島市立つつじが丘南小学校の統廃合にともない、その校庭部分に新築し、既存校舎は福祉センターなどに、体育館は多目的ホールに改修する。

そして三つの建築をブリッジなどで有機的につなぐのである。

図書館の壁面はうねる壁で構成し、壁の隙間から風が通る仕組みになっている。

本と人の交流、展示と人の交流が湧き起こるよう、またその造形は、波打ち際の海岸段丘のような自然形状を意識しながら、かつバルセロナにあるアントニ・ガウディのグエル公園のような建築をイメージしている。

ジャック・マイヨールのように、たどり着くことが不可能だといわれる領域まで、建築でも到達したいと思う。そして、そこに至るのに不可能なことはないように思われる。

彼はイルカから学んだ知識をもとに、より新しい閉息潜水を開発し発展させている。

たとえばそれは水中出産である。胎児は羊水という海水のなかに住んで成長している。人類は受胎の瞬間から、実は水棲生物なのである。胎児は誕生後もしばらくへその緒を介して生命を維持している。へその緒を切られてはじめて肺による空気呼吸を開始する。しかし直後ははなはだ不器用である。母親が胎児を空気中に放つことは、ある意味では自然に逆らっていることにもなる。どこかで聞いた話なのだが、捕鯨船のモリで撃たれた母クジラは、子クジラのために最後の力を振り絞って、周りの海面が真っ白になってしまうほどの母乳を海中に放出するという。子を生かすための衝動に自らの命をも賭すことができるクジラたち。「母子の絆」は計り知れないほど強いにちがいない。

また、日本人は地球上で最も古くから閉息潜水をおこなっていた民族である。全国に何万人といる海士や海女が活躍しているが、現在も縄文時代から伝えられるような素潜り技術である。

日本も豊かになったいま、ジャック・マイヨールのような人生観をもった人間がもっといてもいいと思う。海への回帰が、現代社会では見直されるべきではないだろうか。

海といえば、わたしの趣味のサーフィンのホームグラウンドになっている千葉・勝浦の部原ビーチは、その北側が美しく湾曲した御宿ビーチから南へ向けてリアス式海岸となり、海に向かって両側にある溶岩を積み上げた岬の中央にある。東のスウェル（うねり）と西寄りのオフショアが吹いたときは、多くのサーファーたちでにぎわう。

しばらく南に行くと和田ビーチがあり、まれにではあるが、ホエールウォッチングのボーダーのひとりと化してずっと海を眺めていることもある。

なぜクジラを見たがるのか。クジラが地球上最大の哺乳類だからなのか、それとも絶滅の危機に瀕した種のひとつだからなのか、あるいはクジラの穏やかで人懐っこい遊び心や知性の高さに引き付けられているからなのか。その理由は様々に浮かぶのだが、おそらく和田ビーチにかぎらず、そこを訪れる人たちはみんなこれらの要素をうすうす感じてはいるだろう。クジラ見物がちょっとした「巡礼」のようになっている側面

があると思う。
わたしがクジラやイルカに引かれる理由として見逃すことができない要素がひとつある。それは、一部の人がクジラたちに感じるという一種の「郷愁」である。大海原を共有しているわたしもその感覚はうっすらと理解できる。クジラと出合うたびに感じる、そこはかとない親近感や安堵感は、この「郷愁」という言葉に集約して語りうるだろう。では、この郷愁はいったいどこからやってくるのだろうか。手がかりを探すとすれば、一九六〇年代に活発になった「サイケデリックセラピー」とその延長線上にある様々な「体験グループセラピー」の臨床報告に見いだすことができるかもしれない。そうした臨床報告のなかで、ときにクジラとの同一化の体験が報告されている。たとえば、胎内回帰がある。羊水から一度出た人が、もう一度羊水に返る。これは、進化の過程で、クジラが海から陸へ、そして再び海へとUターンする現象と相似している。
わたしが関わった「アキシマクジラ」への思いも、それを展示する空間への思いも、生涯学習センターという建築全体への思いも、同じ思いのなかにある。このような様々な進化のマトリックスから、自らを疎外してしまった我々人類の心に郷愁を感じさせるものは、もしかするとこうしたクジラたちの振る舞いの絆の強さかもしれない。
もちろん、わたしが創り出す建築も、そのような郷愁を感じさせる空間でありたいと自問自答している。

# さざれ石が巌となる 研ぎ澄まされた原石のような建築

## ――「苔むすまでの永遠の建築」岐阜市新庁舎

　織田信長が美濃国を攻略した際に、稲葉山の城下の井ノ口を岐阜と改めた。わたしはいま、この地に建設予定の岐阜市新庁舎計画の難しい設計プログラムをどう攻略するかに頭を悩ませている。ここの敷地は金華山と長良川に近く、飛山濃水《ひざんのうすい》を味わうことができる景勝地だ。

　ここに、延べ面積五万平方メートルを超える岐阜市新庁舎の設計に関わることにあたり、飛山濃水の思想をデザインに浸透させて描きたいと思っている。特に十八階建ての高層棟外観では、研ぎ澄まされた原石のような建築、そして和紙の岐阜ちょうちんをモチーフにした竹ひごのような繊細なデザインにしたい。

　飛山濃水とは、二千メートルから三千メートル級の旧飛騨の国の象徴である「山」と、長良川・木曾川・揖斐川を中心とした木曾三川に代表され、旧美濃国の象徴「水」を掛け合わせた言葉である。わたしはこの風光明媚な岐阜の地から生まれたとされる、ある歌を思い出す。「君が代」である。

　旧春日村にある「さざれ石公園」は、「君が代」発祥の地とされている。

「君が代」は議論の絶えない歌である。賛否両論が飛び交い、へたなことを言うと、様々な視点で批判の的になる。そんなイメージだ。

「君が代」は、一九九九年八月に成立した国旗国家法（国旗及び国歌に関する法律）によって、法律上は日本の国歌に定められた。とはいえ、国歌というものは本来ならば国民がよく議論し、納得したうえで選んだ「わたしたちの歌」でなければならない。それにもかかわらず、わたしたち日本人は「君が代」についてどのくらいのことを知っているだろうか。「この歌でいいよ、いいね」といった程度で、その歴史についてあやふやなままではないだろうか。わたしは、「君が代」が、学校の場でもスポーツの場でも、高らかに演奏され、歌われることはすばらしいことだと思っている。日本らしい品格と奥ゆかしさが漂うすてきな歌だと思うからだ。

（「君が代」については、丸谷才一『裏声で歌へ君が代』〔新潮社、一九八二年〕のなかで、宴席で出席者のなかの長の長寿を祝って歌われたものだったという記述もある。）

「君が代」の本質は、それが「歌うもの」であることにある。

「日の丸」と比較するとわかりやすい。「日の丸」掲揚は「見る」ものなので、場合によっては「目をつむる」「視野に入れない」「別のものを見る、考える」などで比較的簡単にやり過ごすことができる。わたしたちは普段、街中に配置された看板や広告などをほとんど意識せずに流してしまっているはずだ。

それに比べ、「君が代」は「歌うもの」である。「歌う」とは主体的に歌詞を頭に入れ、音程をはずさないように注意しながら、周囲とも協調しながら呼吸を整え、一言一句、声に出すことにほかならない。歌うことは能動的・意識的な行動だから、「目をつむる」ことでやり過ごすわけにはいかない。

また、わたしたちは普段「君が代」の特性にあまり気づいていない。なぜなら、いったん学校を卒業すれば「君が代」を歌う機会はほとんどなくなるからである。国際的なスポーツの試合であっても、観戦者としてスタジアムに足を運べば別だが、テレビの前では自

ら声を発して「歌う」というよりも「見る」「聞く」ことが多い。

しかし、このような状況にあっても「君が代」の歌詞は、とても特徴的だと思う。通常、国歌は近代国家の形成とともに作詞される。たとえば、フランス、イギリス、ドイツ、イタリア、ロシア、韓国、中国、台湾などの国歌は、すべて十八世紀以降に作詞されたものだ。しかも世界の国歌は同時代のナショナリズムやイデオロギーに影響を受け、軍歌のように血なまぐさいものが少なくない。よく参考にされるのが、フランス国歌「ラ・マルセイエーズ」だろう。その歌詞たるや「武器を取れ、市民よ、隊伍を組め。進もう、進もう！　敵の汚れた血で、我々の畑を浸すまで」といった調子なのだ。

あるいはアメリカの国歌「星条旗」を見てみよう。「ロケット弾の紅炎も、空に轟く爆音も、我が旗が世を徹して砦に収まっていた証なのだ。おお！　告げよ。星条旗はいまもひらめいているか。自由の国、勇者のふるさとに」。このように、聞いているとこちらがひやひやしてしまうほど、国歌の歌詞とは過激なのである。

それに対して「君が代」は千年以上前の古歌にさかのぼる。国家の歌詞としては最古のものである。もちろんそこにはナショナリズムやイデオロギーの影響はみられない。また、平仮名でわずか三十二文字の歌詞は、世界最短の国歌のひとつとして異彩を放っている。

「君が代は　千代に　八千代に　さざれ石の　巌となりて　苔のむすまで」

削ぎ落とされ、研ぎ澄まされた言葉がここには並んでいる。

一八八九年夏、イギリス王子エディンバラ公アルフレッド王子が日本に立ち寄った。明治天皇にお会いになる史上初めての西洋王族の来朝だった。

歓迎行事が進むなか、外交儀礼としてイギリス国歌「ゴッド・セイブ・ザ・クイーン（神よ女王を守りたまえ）」とともに、日本の国歌が急場しのぎで演奏された。当時の日本には国歌どころか国家という概念さえ存在しなかったのである。古歌「君が代」の意味は、このように単純ではない。

「君が代」は『古今和歌集』に「読み人知らず」として掲載されていて、作者の意図や作られた経緯は全くわかっていない。その曖昧さがかえって妄想を膨らませる。そこで、改めて「君が代」の言葉の意味を観察してみたい。

まず「君が代」は、「我が君」つまり「あなた」はという意味。

「千代に八千代に」は「千年も八千年も」ということで、つまりは「永遠に」の意味をもつだろう。

「さざれ石の巌となりて苔のむすまで」は、「小石が岩になる」という「永続性、永遠に」のたとえである。


ところで、実際に「さざれ石」が存在するという。

二〇一五年四月十一日、わたしは再び岐阜県旧春日村に戻り、この付近の伊吹山東斜面で発見されたといわれている「さざれ石」に出合った。

長年の雨水によって溶け出した石灰岩の石灰分が小石に凝縮したもので、学術的には「石灰質角礫岩」と称される。まさに小石が集まって岩になったというわけだ。

「君が代」はこの石を見て詠まれたという旧春日村の伝承がある。

文学的なレトリックとしてとらえるという意見があるなか、わたしは、岐阜という土地に根ざしたある種のロマンとしてとらえたい。

古歌「君が代」は「あなたの健康長寿を祈る歌」と理解したいと思うのだ。

少しでも身近な「わたしたちの歌」になればいいと思う。

詩の一つひとつの言葉によって、その空間は意味ありげに見えたり、あるいは見えなかったりする。

醜いものも、新たな枠組みを作り出すのであれば、美しいものに見える。

建築は人々の暮らしを正直に映し出す。

岐阜市新庁舎が、もっと市民の身近な暮らしの建築として親しまれることを望みたい。

## 風音と潮騒が聞こえてくるだけで価値観が変わる場所

――「生き続ける遺伝子」長崎県立・大村市立一体型図書館

たとえ廃墟を好まなくても、その存在を一度知れば好奇心が刺激されるはずである。廃墟も魅力と感じる場所を訪れたときの感覚はなかなか味わえるものではないのだが、二〇一五年八月五日に長崎県大村市一体型図書館の設計が始まって、打ち合わせと現地情報収集を兼ねて行った長崎は、夏のスコールも手伝ってその感慨にふけることができた。

翌日も雲が低く垂れ込める空のもと、波穏やかな海面に軍艦島のシルエットが鮮明に浮かび上がっていた。戦争時、アメリカの潜水艦が帝国海軍の艦艇と思い、魚雷攻撃を仕掛けたという逸話もうなずける。軍艦島はもちろん船ではない。でも島とも思えない。単なる都市でもない。

軍艦島ではコンクリートの廃墟が重なり合うようにそびえ立つ。

確かにあった繁栄だろうが、でもいまは誰もいない。いまとなっては風音と潮騒が聞こえてくるだけだが、往時は行き交う人々の声や物音が島全体を包んでいたのだろう。とても不思議な感覚である。歴史に思いを馳せるとそこに日本の底力を見ることができる。

廃墟のレンガに足を踏み入れても、釘や鉄筋で足を踏み抜くことはない。長い歳月、潮風に吹き晒されて、金属だけがすっかり消えてなくなっているのだ。

コンクリート片や木材を踏み越えて廃墟を登ると、目の前に真っ黒な大きな穴が開いている。それは複雑に絡み合う高層建築の真ん中にポッカリ空いた深い中庭なのだ。多くの人々が、はるか頭上の四角い空を眺めて暮らしていたにちがいない。一つひとつの室内に多くの家財道具が残っていたのも不思議な光景だ。島の生活の豊かさは、その生活が終わりを告げたとき、いともあっさりと打ち消されたのだろう。この小さな島で、そこに住む誰もが文化的生活を約束され、たくさんの人が夢を見ていた。そしてある瞬間から時が止まったまま、島は静かに佇んでいる。

島の開発は台風との戦いで難航を極めた。開発者のひとり、採炭を任されたのが小山秀《ひいで》だった。旧グラバー亭や大浦天主堂を建造した人物である。旧グラバー亭は、幕末から明治にかけて国内で活躍した政商トーマス・ブレーク・グラバーが長崎に建てた居宅で、現存する最古の木造洋風建築（重要文化財）だ。長崎の港を見下ろす丘の上に佇む環境共生の館である。平屋造りのグラバー住宅は洋風建築といいながら基本的な部分に木材を使い、周囲には東南アジア風のベランダを張り巡らせ、屋根を瓦葺きにするなど、和洋折衷が際立っていた。

大浦天主堂は、戦後に浦上天主堂に移るまで、日本のカトリック司教座聖堂であり、国内に現存する最古のキリスト教建築（国宝）である。

ところで、軍艦島は世界最大の人口密度を誇った都市だ。

いまでもその記録は破られていない。一九五八年から総人口が五千人を超え、最も住民が多かったのは五九年のことで、五千二百五十九人が暮らしていた。面積は〇・〇六三平方キロなので、そこから換算すると、その人口密度は約八万三千六百人／平方キロとなる。

「ウィキペディア」による人口密度の記載を見ると、現在、世界一の過密都市はマカオの半島部分で約六万人であり、次いでモルディブの首都マリで約三万五千人、インドのムンバイで約二万七千人となっている。ちなみに東京二十三区のそれは約一万五千人といわれているので、軍艦島がいかに過密都市だったかがうかがえる。

もともとの軍艦島は、南北約三百二十メートル、東西約百二十メートルの岩礁と周囲に点在する瀬からなる小さな島だった。それが炭鉱の開発とともに人工地盤による拡張工事が進められ、約三倍の面積となる現在の形へと変化していった。

自然環境に翻弄され、酷な闘いを強いられた。周囲を東シナ海に囲まれているため、ひとたび台風がくると島をまるごと飲み込むほどに襲いかかる波の猛威は想像を絶するほどだった。護岸は天川工法といい、砂岩である天草石を積み上げてセメントで固定し、その隙間を天川（赤い色をした水中での接着度が高い接合剤）で埋めるという独自の景観として残っている。天川工法は出島に残る厨房跡や丸山花街の廓塀《くるわべい》跡など、長崎市内のいたるところで見ることができる。

軍艦島には世界に誇る技術「ドルフィン桟橋」と呼ばれる係留施設がある。

護岸がない沖合いに杭を打ち込んで造る係留施設で、一般的には接岸が困難、かつ接岸が必要ないタンカーなどを海上で係留するための施設を指す。

軍艦島の場合は、さらに波の高低、潮の干満に合わせて、タラップを上下できる構造を兼ね備えた画期的なものであり、国内初のものでもある。

海辺から外形的に交差してみえる階段をのぼっていくと、船の艦橋にあたる最頂部には神社もある。

軍艦島は二十世紀の頂点と底辺、光と影、特殊性と普遍性、先進性と不自由さのすべてが混在した唯一無二の島である。数々の早すぎた未来都市の象徴でもあり、五十年にわたる鉄筋コンクリートの集合住宅の変遷が眠るアーカイブでもある。

そして、島は朽ちてもいまなお生き続ける住民の絆は、島の特殊な環境を差し引いても、現代の人間関係に大きな示唆を与えてくれる。

島は廃墟の時間を積み重ねている。

しかし、廃墟とはノスタルジーや悲しみとともに語られるのではなく、いまでも生き続ける遺伝子として、世界のいたるところで息づいているのだ。

長崎県大村市一体型図書館は既存の価値観を揺さぶる建築にしたいと思っている。

大村に美しく咲きほこる段状の花壇の花々のように、開架閲覧スペースが段状に広がる。「ブックカダン」という空間構成のコンセプトは、知と人の交流が花のように咲きほこる華やかさをイメージしている。棚田状に広がる開架閲覧スペースは、ギリシャのアレキサンダー図書館を模したつもりである。これを背景の山々に溶け込むように、三日月型の柔らかな屋根で覆う仕組みで進めているところである。

もうひとつの空間コンセプトとして「ブックドック」というものを検討している。管理部門や集密書架が、まるで「造船のドック」のように知の係留基地としての役割を果たすことを目的としている。これは長崎の伝統的洋館をモチーフにした赤レンガで包み込む予定である。

建築はこの「ブックカダン」と「ブックドック」のふたつのボリュームを組み合わせており、そして「三日月型の建築」を迎えるかのように、そして呼応するように「前庭ひろば」を扇形に配している。

周囲の風景と同化するような建築をこの図書館では目指すつもりだ。

海風に当たりながら手を合わせると、かつて暮らした人々の息遣いが聞こえるような気もしてくる。価値観を揺さぶられる強烈なメッセージをくれるこの場所を、これからも大切に見守っていきたい。そして多くの人々の息遣いを感じながら、新しい価値を生み出す建築をつくっていきたい。

# 馬を愛し世話する者が受ける報いは単純だが達成感に満ちている

──「馬蹄の形・皇室と馬について」皇居内建築プロジェクト

古代オリエントの時代から、王侯貴族にとって乗馬技術を身につけることは、欠くことができないたしなみとされてきた。天皇陛下が公式行事で馬に乗ることは、最近ではほとんどなくなったが、馬術については学習院時代からすばらしい技術をもっていることはよく知られている。宮内庁には、馬を扱う部門がある。外国の大使が信任状捧呈のため、宮城に参内するときには、現在でも儀装馬車が使われている。この他に打《だ》毬《きゅう》や昔ながらの母衣《ほろ》引きという騎芸を保存しているのもこの部門である。

厩舎建築の設計を終えた二〇一五年春、わたしは、皇居内にある東御苑と大手堀の間の敷地に佇んでいた。宮内庁関連建築の設計に関わり、ベールに包まれたその組織を垣間見ることができる興味深い日々を過ごしていたときだった。

終戦当時の宮内省は全国で約六千人を超える人員を擁する、法制や経済を自由にできる一大組織だった。その後は宮内庁・皇宮警察として約二千五百人が従事している。

宮内庁の軍場課や御料牧場が関わる「皇室用乗馬」や「パレードでの轢場ばんば」などの風景は、わたしにとってとても魅了させられる空間となる。

扇を広げたような千三百平方メートル程度の建築平面は馬蹄形を想起させ特徴的である。扇状に湾曲した中廊下を挟んで、扇の外側と内側に馬房が三十数室ある。外側の馬房列は、放射状の外側なのでおのずと大きな平面になり、内側の馬房列は、放射状の内側なのでおのずと小さな平面になっている。馬の大きさなどで部屋割りが決まるなど、まさに馬蹄が空間を決定しているともいえる。

このような建築空間の所作を施しているうちに、人と馬の関係、とりわけ「世界の芸術のなかの馬」に引き込まれていくことになる。

人類は二万年以上も前に馬を描いている。フランスのラスコーやスペインのアルタミラ洞窟の岩の表面には、旧石器時代の芸術家が描いた馬の絵が残っている。絵は魔よけとして重要な意味をもっていた。馬を含め、狩りの獲物を精力的に描いたこの作品には描き手の思いが込められていて、馬の姿を通してそれが伝わってくる。石器時代の人間は絵を描くことで未来を変え、成功を確かなものにしたいと願ったのだろう。

エジプトの墓や神殿には、ファラオの生涯を概念的に表現したレリーフや絵がたくさん残っていて、聖刻文字の碑文がファラオの物語を伝えてくれる。

しなやかに描かれた馬は、たいていはエジプト人が戦いに用いる軽戦車につながれている。ツタンカーメンの墓から発掘された木製の棺には、二頭の馬が勢いよく進むなかで弓を引く王の姿が描かれ、また、セティ一世の戦車につながれたひときわ美しい二頭の馬の絵もある。

ギリシャ文明は、今日の西洋文明にも依然として見られるように、完成された美を理想としていて、その特徴は彫刻にいちばんよく表れている。馬を題材にしたものが目立ち、なかでもアテネのパルテノン神殿に施されている乗馬姿をとらえた大理石の帯状装飾は、騎乗者の流れるような衣服と馬の抑制がきいた活力と生命力に溢れた姿がすばらしい写実彫刻である。ギリシャ芸術が理想とする目標は帝政ローマに影響を与えたが、ローマの彫刻や絵画はもっと写実的だった。青銅に金箔を施した乗馬姿のマルクス・アウレリウスの大きな像は、人物に堂々とした威厳を与えるために、馬を活用したのである。

海外で影響を受けた絵が三つある。

ひとつは、二〇〇〇年にスペインのトレドに旅したときに出合ったものだ。ルネサンス以降の画家で宗教画の中心的素材として馬を用いたのは、トレドに住んでいたエル・グレコ（一五四一―一六一四）だった。『聖マルティヌスと乞食』（一五九九年頃）のほか、文学上有名な「トロイアの木馬」を描いた『ラオコーン』（一六〇四―一四年）がある。この絵の主題はトロイア人に木馬のことを警告していたラオコーンで、背景には、馬がトロイアならぬトレドに近づいてくる様子が描かれている。

ふたつ目は、ポーランドの騎手、ジャック＝ルイ・ダヴィット（一七四八―一八二五）が一八〇一年に描いた、あまりに有名な『ベルナール峠からアルプスを越えるナポレオン・ボナパルト』である。

三つ目は、これも二〇〇〇年のスペインの旅の折、マドリッドにあるソフィア王妃芸術センターで出合ったパブロ・ピカソ作『ゲルニカ』だ。一九三七年のパリ万博のためにスペイン政府から依頼を受けて制作した壁画で、三六年から三九年のスペイン市民戦争の際、ナチス軍がバスク地方の町ゲルニカを爆撃したことに対して描かれた作品だ。ピカソは、ピカドールの馬が牛の角に突き刺されて負傷し、もだえ苦しむ姿を描いて破壊のイメージを表現し、歴史的意味と様式的意味の両方を込めて、犠牲者に捧げたのである。馬はもはや力や威厳の源泉ではなく、受難の象徴となっている。

日本人と馬の関係に着目すれば、皇室との関わりを語らないわけにはいかない。昭和天皇は観兵式などで馬に乗ることがよくあった。

昭和天皇の料馬は、吹雪、白雪というといずれも白い馬に代表されていた。

白い馬はよく神馬として神社で扱われている。なぜ白い馬が神馬として扱われるのか、ということについては諸説ある。また、天皇陛下の料馬が白い馬なのは、終戦まで天皇陛下は「現人神《あらひとがみ》」と言われて神とみなされていたために白い馬に乗っているという説から、偶然の出合いによるというものまである。

昭和天皇の白い馬、吹雪と白雪は、シャグヤ・アラブ種であり、馬術家の遊佐幸平（一八八二―一九六六）が見つけた馬である。昭和天皇が乗る馬を探すためヨーロッパに出張、たまたまウィーンのプラーダ公園で一頭の牝馬に出合い、すっかり気に入ってしまったという。吹雪とその後に名づけられたこの馬は、ハンガリーのラダウツ牧場で一九一一年に生まれた純血のシャグヤ・アラブ種である。

その吹雪と一緒に購入したのが、のちの白雪で、白雪は一九二一年ハンガリーのバルボナ牧場で生まれた名血の牝馬である。

一九二四年の暮れ、この二頭が横浜港に着いたとき、たまたま雪が降っていた。そこで殿下（昭和天皇）から吹雪という名をいただくことになった。

吹雪は翌年の八月以降、昭和天皇の料馬として働き、一九三〇年に引退して二十七歳で死んでいる。吹雪の後を継いで、料馬になったのが白雪である。ちょうどその頃から軍閥が台頭し、日本は戦争に突入していく。

昭和天皇が軍服姿で観兵式などに出るときは、いつも白雪に乗っていた。そのため、白雪の名は新聞記事やニュース映画を通じて全国に知れ渡り、天皇陛下が乗る馬は真っ白な馬という意識が定着していった。

終戦後の一九四七年、波乱の時代を生きた白雪も、吹雪と同じ二十七歳で死亡している。

ところで、スポーツに天皇の名を冠した賞が出されるようになったのは、歴史的にみると競馬が始まりと

いえる。
　天皇杯・賜杯など、スポーツに天皇から出される賞としては、国民体育大会（国体）と相撲はよく知られている。しかし、その他にも競馬、サッカー、軟式野球をはじめ、いくつかのスポーツに天皇賞・天皇杯が出されている。国体は一九四六年から始まっているが、四八年からは、男子総合優勝の都道府県には天皇賞、女子のそれには皇后杯が出されるようになった。大相撲の賜杯は、二五年四月二十九日、殿下（のちの昭和天皇）が誕生日に相撲を見たのを契機に優勝力士に授与するようにしたのが始まりだ。

　競馬の天皇賞という名称は、一九四七年の秋から使用されている。
　この年の春は平和賞というレースがおこなわれたが、その内容は実質的には天皇賞だった。というのも、それ以前は「帝室御賞典競走」と呼ばれていたが、賞の名称はその年やレースによってまちまちで、「陛下御典賞」「宮中御典賞」「宮内省御典賞」などがあった。しかし英文名ではいつも「The Emperor's Cup」と記されている。それゆえ、これらのレースがいわゆる天皇賞であることは疑う余地もない。

一九四一年、ある映画が封切られた。十六歳の高峰秀子（一九二四―二〇一〇）が主演した『馬』である。東宝映画製作、監督は山本嘉次郎（一九〇二―七四）。映画の大半を撮ったのは当時助監督だった若き日の黒澤明である。冒頭、主人公の東北の片田舎の娘いねは、秋のせり市に出された馬をじっと見つめている。いねが預かることになった牝馬は「アングロ・ノルマン系の見事な牝馬」とはっきり書かれている軍馬である。クライマックスで、いねの一家は晴れ着で着飾り、馬にきれいな布や飾りを付け、夜も明けきらないうちから盛岡の馬検場に出かけていく。ハレの日なのである。

そして、いねが育てた仔馬に軍馬購買官は高値を付ける。軍馬御用になった馬は、村役場の前に集合して、村長はじめ小学生、村人たちの旗の波に送られて出発する。このうえない名誉なのである。そのラストシーンは、いねが育てた馬が、馬市で軍馬として陸軍に買い上げられることになり、それを彼女が心から喜ぶというものになっていた。確かに、国策の延長としての映画化企画だったにしても、山本監督の「主題に対する熱情」は馬産家の心理を鋭く見抜いたものだった。

かつて武将とともに戦場を駆け巡り、馬子に引かれて旅人を運び、泥まみれになって田畑を耕した日本の馬は、どこへいってしまったのだろうか。

時代を経るなかで、馬たちが人とともに歩んだ豊かな道のりをひもとくと、なぜか、心の奥底が満たされる気分になる。馬は忍耐力に富む忠実な僕《しもべ》で、仕事であれ遊びであれ、主人の要求に応えようという欲求が限りなく強いのだ。

馬を愛し、世話する者が受ける報いは、達成感に満ちているだろう。

その馬と人が過ごす空間を、達成感に満ちたものにするのが使命であるように感じる。

## 中国夢風景区2——台湾絶景

初めて訪れた台北は寒かった。

十二月初旬の台北は雨の街だったのだ。

年間を通して暖かい国なのに寒空模様はめずらしい。

普段の暑さと湿度への対策はあっても、寒さには無防備だ。暖房というものをほとんど使わない国のため、ホテルもレストランも例外ではない。

天気は変わりやすく、いつも雲が垂れ込めている。青空が覗いたかと思うと、にわかに暗くなり、思い出したようにザッと雨が降る。常に雨に濡れている様相が、南国系のパームツリーが茂る街路樹の質感と混然一体になり、台北という街にとても似合っていた。

台北は複数言語の街である。公用語である北京語と地元で話す台湾語はかなり異なり、テレビにも字幕がつくほどで、それは大陸の言語とも微妙に異なる。植民地時代を知る年配者は昔風の日本語を話し、若者は日本のサブカルチャーに通じ、彼らも日本語で話しかけてくる。また有名人のトーク会を拝聴したときは、客のほとんどは英語で質問をしていた。台北市民は、その歴史に強いられたせいもあるだろうが、他言語に対して柔軟で、学習意欲の高さを実感した。

まさにここは、知的探求に対してアグレッシブに関わるにふさわしい街だ。携帯のメールでの漢字の入力方法なども特徴的である。台湾語の発音記号から入れる方法や、部首から入れる方法もあり、テンキーの上に指で漢字を書くとかなりの精度で読み取れるものもあって驚いた。とにかくべらぼうに漢字の種類があるので、生まれて初めて見る漢字もたくさんあった。しかも「餞」のような一文字二十画以上の複雑な漢字がぞろぞろ出てきて、相手の名前をメモするにしても書き間違えないようにするので精いっぱいである。こんなに難しい字を試験のときに何度も書くのは大変だろうと思わず同情するほどだ。それに比べれば日本語は一見、表記はやさしいが、漢字・ひらがな・カタカナを使い分ける日本人の器用さにあらためて気づかされる。とにかく台湾の人がみんな、英語名を名乗るのも無理はないとも感じる。わたしたち日本人もそれぞれ英語名をつけてみるのも面白いかもしれない。

台湾には大きな書店が多い。棚などのディテールは粗雑だが、レトロモダンな内装が心地いい。日本の小説コーナーだけでもワンフロアを占め、かなりマニアックなものから最近のものまでハイペースで翻訳されていることに驚く。カフェやセレクトショップもあり、二十四時間営業のところも多い。ブックフェアでは、世界中の本を見られるとともに、ヨーロッパのそれは買い付けや契約の交渉が主で一般客は少ないと聞いているが、台湾のそれは、読者との接点が多く、気さくでフレンドリーな雰囲気が漂っているのは好感がもてる。

十二月の台北の雨の翌朝、向かったのは「九份《きゅうふん》」である。映画というのは偉大なもので、かつて、『ローマの休日』（監督：ウィリアム・ワイラー、パラマウント映画会社、一九五三年）一本で世界中の観光客をローマに呼び寄せたように、九份はホウ・シャオシェン（侯孝賢）監督の映画『悲情城市』（フランス映画社／ぴあ、一九八九年）で一躍観光名所に躍り出た。もとは金鉱として栄えた町で、急な崖に沿って造られた中心部を少し離れると、あちこちに坑道の跡が残っている。年間五千ミリ以上の雨が降るという九份だが、東京は千五百ミリ、長崎は二千ミリ程度である。わたしたちが到着したときもあたりは肌寒かった。街全体の印象はとても静かで、細長い石段の続く街並みには風情がある。お茶館では、一度目は蒸らしてお湯を捨て、何煎も香りを楽しみながらお茶を飲んでいると、心底くつろいだ気分になった。

窓の向こうには、うっすらと港が見える。かつて集落は「風の城」、港は「雨の港」と呼ばれ、そのまま本のタイトルにもなったそうである。

やや脱線したかもしれないが、旅のメインは「台北故宮」である。

「台北故宮」は台北市街から少し離れ、山地と平野が交わる「外双渓」という台北の奥座敷にある。中国宮殿式の長いエントランスを抜けて背後に山が迫る博物館に入ると、箱型のロビー空間が広がっているだけである。

それでも、「台北故宮」は自らを「世界四大美術博物館」と呼んでいる。

他の三つは、フランスのルーブル美術館、イギリスの大英博物館、アメリカのメトロポリタン美術館だ。これにロシアのエ

ルミタージュ美術館を加えて、「世界五大美術博物館」と呼ぶ場合もある。いずれにせよ、アジアでは最高位の博物館であることはまちがいないだろう。

しかし、収蔵品を見てみると、「台北故宮」は世界のそれとは様相を異にする。他の三つは、西洋だけではなく、中東、アジア、アフリカの文化財を取り揃え、博物の名に恥じない多元的な収蔵品を誇っている。収蔵品の侵略・略奪という負の歴史はさておき、これらの博物館の価値は世界でも最高位に属するものだ。一方、故宮には、欧米の絵画や彫刻どころか中華以外のアジアの国々の文化財はほとんど見られない。

中華すなわち「文明の華やかな中心」という意味のとおり、中華文化以外の故宮への参入は許されていないらしい。

ここに生まれた創造物や文物は、唯一無二のものとなる。とんでもないものが創造される。

地球上の他の場所と同一にはならないというのは、建築と共通する思想である。

# 誰でも感じることはできるが、具体的にすることは誰にでもできることではない

――「シークレットガーデン」東邦大学薬学部新棟・健康科学部新棟

遠い記憶は夢と同じようなものだ。

何もかもおぼろげで、曖昧な静止画が少しずつ、やむなく連動していくような、いたって頼りない「淡い風景」とでもいえるだろうか。

モノクロームで投影されるあの風景は、いったいどこだっただろうかと、その記憶をたぐりよせてみる。

ある春うららかな日和のパリ、ユーゴー通りをわたしは歩いていた。

分厚い木の門扉の前にグレーの猫が人待ち顔でいた。パリの街のなかで飼い猫が建物の外にいるのを見ることはめずらしいので、門扉をそっと押してみた。

猫は、扉が開きかかった瞬間にスルリとなかに入って消えた。わずかに開いたその瞬間、わたしはライムストーンで外壁を固めた石の建築の内側の様子を見てしまった。門から続く石畳には蒼々と茂る木々の枝が両脇から差し交わされ、建物の反対側の回廊へと続いている。太陽の日差しが天から射し込んで、建物の内壁は、窓を残して美しいトレリスに覆われ、その網目に沿って、伸びた藤の蔓《つる》が勢いよく這いのぼっている。日が当たる壁とは対照的に、手前の建物によって斜めにくっきりと隔てられた暗部に沈む中庭では、白い大理石の噴水が中央で勢いよく噴き上げ、その周りは低い植物のボーダー（生垣）で放射状に囲ってある。ボーダー内側の白バラの畑ではこんもりと枝が絡み合って小さなアーチをいくつも作っている。それは、夢に出てくるような秘密の花園だった。

そうか、あんなふうになっているのか。

わたしたちが普段目にしているのは、大きな石の建物の外周の一階部分、つまり、道路に面したごくごく一部だということがわかってきた。歩いていたばかりに、人が見てはいけない秘密を垣間見た気がした。

彼らの秘密は街中の庭園だけではない。風景のなかに身を隠すように建築が造られているから、通りすがりでは気づかない風景がいたるところにある。

立派に手入れが行き届いた王宮の庭園もホテルの中庭もいいけれど、建築の固い殻に閉じ込められた、あの溜め息が出るような暗い庭はどうだろう。パリにはこのような庭が溢れているにちがいない。パリの飼い猫は知っているだろう。

あの飼い猫にとって、中庭は実は天国なのだ。

古くから欧米の都市は、安全上の問題から住宅の内と外は明快に分けられ、かつ内にある前庭や中庭にはそれぞれの機能がある。かつては、男は屋外に出たければ表通りに出ればいいが、娘たちが屋外で遊べるのは塀のなかの庭しかなかったのだ。

日本にもこれとよく似た「坪庭」というものがある。建物に囲まれた小さな庭のことだ。「壺庭」とも書く。

『源氏物語』のなかに、桐壺の帝という天皇が登場する。彼が愛した女性が桐壺の更衣、そして更衣が亡くなったあとは、藤壺の女御を愛する。

このような不思議な名前はなぜつけられたのか。実は、宮中には広く複雑な建物の構成と動線があり、それらの建物を結ぶ渡り廊下で区切られた庭を、壺と呼んだ。そしてそれぞれの壺に植えられた植物によって、桐壺とか藤壺とかと呼ばれたのが由来である。決して、建物をくり抜く坪という意味ではなかったようだ。

やがて、坪と呼ばれる小さな庭は、茶室に付属する庭のことを指すように変わってきた。それを露地という。

そして茶室とは無関係の現代住宅の坪庭にも、灯籠を備え、低い石の手水鉢「つくばい」を置き、手を清めた。

また、京都・龍安寺の石庭のように、一面に砂を敷いて箒目《ほうきめ》を入れたものもある。あくまでも眺める庭であって、入っていく場所ではない。それでいて、ちゃんと軒先に下駄などを置いてあるが、その下駄も眺めるもののひとつである。坪庭の生かし方も設計の工夫だろう。

中国の蘇州にも「坪庭」のようなたくさんの名庭園があることが知られている。たとえば、ひとつの建築に大きな丸窓が開いていて、その向こうはすぐに白壁の塀が見えるというものがある。その塀と丸窓との三十センチくらいしかない隙間に、竹がたくさん植えてあり、丸窓にはめ込まれた格子の障子を開けると、竹と白壁はひとつの風景を作る。

欧米は実用的な庭、日本や中国は精神性が強い庭といえるだろう。

自然を居住空間の一部に取り入れるという「坪庭」の、豊かな、かつ人間のごく当たり前な生活の仕方を、参考にしたいものである。

街のなかのセミプライベートな庭の空間を、現在東邦大学習志野キャンパスに計画している。理学部と薬学部と健康科学部が同居するこのキャンパスの一角に、薬草ガーデンがある。わたしが関わっている薬学部新棟と健康科学部新棟の両棟が寄り添い、コーナーとしてのL型を造り、その囲われた部分に、個性的なガーデンスペースがある。ポジとしての建築と、ネガとしてのオープンスペースとして「外構や庭」などとよくいわれるが、実は対等で相互作用があり、主従の関係ではなく、どちらもランドスケープの一部といえるのだ。

庭は人にとっての「美しい風景」だという。庭は楽園、庭はその人のビジョンと評されることもある。思いのままの庭を造ろうとしても、相手が植物だから、思いどおりにならないのもガーデン設計の面白さだ。

つまり庭は人生の縮図でもある。カレル・チャペックのように庭仕事に精を出し、ヘルマン・ヘッセ（一八七七―一九六二）のように庭に咲く花に愛をうたう。クロード・モネ（一八四〇―一九二六）の色彩に溢れた庭、デレク・ジャーマン（一九四二―九四）の不毛の地に咲いた自分だけの庭のように、人の精神を反映した秘密の庭を覗きたいものだ。

旅先で出合った自然の風景から学んだことは、色の地層、色の風紋、色の堆積、色の群生、色の洪水など、自然からイマジネーションを得られるようにすることだ。それを自分の言葉で確認するようにしている。

野生の花たちをよく観察すると、たとえば大輪のバラは一輪だけでも十分にその存在を主張するけれども、野バラは小さな花をこれでもかというくらいたくさん咲かせて圧倒的な数で勝負する。野生の小さくて弱い花たちは群れることでその存在をアピールしている。

デコラティブなデザインをしているときはそれぞれに状況が違う。装飾に関しては、日本と外国に密度感の違いが大きく感じられる。外国の幾何学で構成されたモダンな空間だと、すっと一筆で描いたような日本のシンプルな装飾はしっくりとなじむ。全体のイメージなくして、いいものは成り立たず、また全体をとらえるとき、シンプルな造形だったとしても、それは必ずしも寂しさを強調しているのではない。それらは似て非なるものなのだ。いつも見慣れている風景や植物の姿、空間のあり方が、知らず知らずのうちに、自分の美意識の基礎を作り上げていることを実感するのはそんなときである。

世界三大巨匠建築家のひとりル・コルビュジエ（フランス、一八八八―一九六四）の代表作「サヴォア邸」はパリの郊外にあるのだが、わたしは二〇一四年一月十日の、雨の日に訪れた。

その後に行ったスイス国境の「ロンシャンの礼拝堂」に身震いし、またパリ市内のポンピドゥー・センターも訪問している。館内にあったル・コルビュジエの代表作品の椅子「ＬＣ-２」は、「グランドコンフォート（大いなる快適）」と名づけられ、身長百八十センチの人体を基準としたモデュロールの構成による水平・直角・垂直がデザインモチーフになっている。また、シュローダー邸でおなじみのオランダデザインの巨匠へリット・トーマス・リートフェルト（一八八八―一九六四）の代表作品「赤と青の椅子」は、角材と板だけの抽象的なオブジェのような椅子で、板面は深紅と青、ラインと小口には黒と黄色が塗られている。このような椅子にまつわる思い出は、まるで映画のワンシーンのようにゆらゆらと揺れながらわたしに語りかけてくる。椅子は建築空間のなかにあって、家具のなかでも不思議な存在である。まるで生き物のように人間に寄り添ってくるところがある気がしてならない。

食器でも雑貨でも、とにかく自分の身の回りにあるものはなんでも、物を配置するときは、ただそこに置くのではなく、そこにどうやって置いたら最も映えるかを考える習慣を身につけると、すてきな人生を過ごすことができるのではないか。

それは食べることについてもいえる。大切なことは、食材のおいしさ以上に、誰とどこで一緒に食事をして、どのような会話をするかという物語である。

物を捨てる人は、ホテルの部屋のような空間を理想とし、目に入るものはすべて処分しようと部屋を歩き回る。反対に物を溜め込む人は、それらを雑然と積み重ね、「所狭し」と物を置きがちではないだろうか。

わたしは、そのどちらでもない。もっと自分の美意識を通して、建築空間や物と付き合っていくことが重要ではないだろうか。

建築、庭、インテリアの椅子やテーブルクロス、絵画、いや、季節から人にいたるまで、あらゆることをいとおしんで暮らすことは、それこそ豊かな人生ではないだろうか。


自分の「好き」を価値判断にする。

それは自分を信じる原風景の感情だと思う。

そして言葉が思惑を超えて広がっていく。


誰でも感じることはできるが、具体的にすることは誰にでもできることではない。

# 拘置環境、だからこそ見える世界

## ——「その社会の寛容度のバロメーター」拘置所・刑務所建築（西日本）

「社会の開明度はその監獄に入ってみればわかる」（フョードル・ドストエフスキー〔ロシア、一八二一―八一〕）とはいうものの、入獄中の体験というのは入ってみなければわからない部分が多いのはまちがいない。想像するほかに手立てはなさそうだが、わたしは、刑務所設計を通してその「内側」から社会を見通してみたいと思う。

刑務所建築は、当初は身体刑に代わる「監視」あるいは「拘束」という刑を重視するための機能が必要だったと考えられる。

フランスの哲学者ミシェル・フーコー（一九二六―八四）はその著『監獄の誕生――監視と処罰』（一九七五年）のなかで、「常に監視されることによるアイデンティティーを侵害することが刑に服することであり、それが監獄のひとつの作用であるとする」と述べている。

空間のタイプも時代によって変化し、櫛型・中庭囲い込み型に始まり、現在は「放射状型」が西欧一般では主流になった。「放射状型」の監獄は、中心部に監視塔が置かれ、そこを中心に円形状に独房が配置されている。そして監視塔側に光が入るため、囚人からは監視員が見えず、逆に監視員は囚人を観察できる仕組みになっている。囚人に規律化された従順な身体を形成させるのがねらいである。

そして、社会の成熟とともに、少しずつ、人権や個の空間の質の向上へと動いていく。現代に近づくにつれて、刑務所の独房は個室が基準になり、一人ひとりに合った施設と処遇を与えるように制度化されていった経緯がある。

アメリカを中心に、複数の長方形の建築が並列する「パビリオン型」も多く造られ、その後、ユニット形式の「キャンパス型」も現れた。

日本では、アメリカの占領軍の影響を受けたものが多いが、小菅刑務所（蒲原重雄設計、一九二九年）は、大正期の表現主義の最後を飾るもので、翼を広げて空に舞い上がる大鳥をイメージしているという。二重に羽を広げたような時計塔をもつ管理棟を中心に据え、奥には放射状に監房が配置されている。国内のパビリオン型は、長野刑務所をはじめとして七つある。

西日本方面の三つの刑務所の設計に関わったことで、刑務所と社会との密接なつながりの実態が見えてきた。福岡県内の拘置所、兵庫県の刑務所、山口県の刑務所には似かよったアーキテクトタイプがある。それは、いわゆるホテル型といってても過言ではない。空間構成は都市型シティホテル並みであり、異なる点は、内部環境のアメニティーと、塀や格子などのハードなセキュリティー、また、電子的でソフトなセキュリティーである。同じ窓寸法であっても光環境や空気質環境の面では、独特な「閉塞的な空気感」をもっているることがあげられる。

現代では、刑務所はよく「治安の最後の砦」といわれる。つまり、刑務所は、警察から始まり検察―裁判と経由したよりすぐりの犯罪者がたどり着く最後の場所だという意味で、だろう。刑務所が崩壊したのでは刑罰の執行が担保されなくなり、日本の治安は維持できないという側面もある。

このように刑務所は、その国の治安状況や刑事政策・犯罪対策の結果を象徴していて、刑務所を見ればその国の治安がわかるということでもある。

さらにいえば、「その国の文化水準は刑務所を見ればわかる」ということだ。つまり、犯罪者という社会から疎外されやすい人間に対する取り扱いを見れば、その国の人間観や人権意識がわかるということである。犯罪者をどのように扱うのかを見ることによって、その人を社会から排除するのか、それとも、なんらかのハンディキャップをもった者として受け入れ、社会復帰のための援助をしようとするのか、その社会の寛容度のバロメーター的役割を刑務所は担っているのだ。

いずれにせよ、刑務所は社会と密接なつながりをもっているものであり、刑務所を通してはじめて見えてくる社会の実態というものも存在する。刑務所は多くの人間が生活する生きた社会である。構成メンバーは受刑者だけではない。そこで働く刑務官をはじめ、刑務作業を通じて出入りする民間企業の社員、ボランティアもいる。

また日本では無期刑はあるが終身刑は存在しないので、受刑者は、原則として判決後刑務所で一定期間を

過ごして再び社会に戻ることになる。すなわち刑務所は犯罪者の墓場ではなく、社会の一部であり、一時的に受刑者という身分になった人間が生活する場所なのだ。当たり前のことだが、刑務所は生きた人間が暮らす場所にほかならない。

問題は、日本の刑務所のほとんどは定員を超えて収容する、いわゆる「過剰収容」状態にあることだ。

受刑者の平均収容率は約一二〇パーセントで、約九〇パーセントの刑務所で過剰収容状態が発生している。当然、「保育園の待機児童」のようなわけにはいかず、彼らを「待機」させることはありえない。もちろん、病気になったからといって外に追い出すわけにもいかない。このことは刑務所理解の最も重要な視点である。つまり、受刑者はもちろん刑務官も、ある意味では建築でさえも「最後のよりどころ」なのである。

最近では「治安の最後の砦」ではなく、受刑者の高齢化が進んでいることから「福祉の最後の砦」にもなってきている。

刑務所は受刑者を拒否できない。どのような受刑者であっても、正式に釈放の日を迎えるか、または死亡するかするまでは面倒を見続けるほかないのである。

場所は拡散しているが、入れ子状の社会の構成を表しているのだ。

わたしもそうだが、一般の人々は、犯罪者に対してふたつの相反する感情を抱いている。一方が人道的な関心と囚人矯正の試みであり、もう一方が司法制度への苛立ちと、刑務所をより不快なものにしよう、という考え方だ。

これらは交互に現れたり、ときには同時に存在する。それらの相反する態度は、刑務所建築の目的に大きな影響を与えるが、近い将来に矛盾が解決されるとは思わない。また、より多くの囚人たちを矯正できる方法もすぐには見つかりそうもない。当面、刑務所建築は、現状を少しでも改善する方向を模索するだろう。優れた刑務所建築を造るために、我々建築家は何ができるだろうか。その答えは簡単ではなく、時代とともに変わっていくほかはないのかもしれない。

建築内の集団生活で生じる心理的影響をよく理解することが重要であり、そのために刑務官や受刑者の意見を聞くことも必要である。また両者の身体的・心理的リスクを最小限にする空間を作ることも求められる。脱獄予防という制限のなかで、ストレスを与えすぎない優しい素材感や、アースカラーなどの癒しの色使い、心が落ち着くスペース、高齢者に優しいユニバーサルデザインを採用することで、人道的な環境に配慮する。また、センサーや監視カメラなどの高度な技術革新も後押しする。学校やビジネスホテル並みのしつらえになることもある。

優れた刑務所建築は難しい。成熟に向かっていることはまちがいないが、現在すばらしいと評価されている最新の刑務所建築でも、その真価は、利用と経験によってだけ明らかになる。

## すべての人がなんらかの檻に入れられているが、窓はいつも開いている
### ――「ジョハリの窓」少年矯正医療センター（宇治市）

何か大きなことを成し遂げるには、いまの自分自身にできる「簡単なことから始めてみる」ことだ。なぜなら、どんな境遇にいたとしても、「最初の一歩」を踏み出し、やるべき取り組みを継続していけば、何かしらの手応えが生まれてくるからである。

京都府宇治市に計画されている少年矯正医療センターは、東日本のそれとともに、日本にふたつしかない施設の一つだ。「少年・少女の家を造る」というテーマと、次の三つのコンセプトからなる。ひとつ目は、収容・教育・生活・医療という四つの機能をもつ医療少年院にすること。改正少年法の取り組みも積極的に反映させた計画だ。ふたつ目は、歴史的景観に配慮すること。宇治は、中世から近衛家の荘園、また萬福寺の領地として、明治には陸軍火薬庫だった歴史的背景があり、その景観を保全する必要がある。三つ目は、少年・少女が温かく見守られて、更生後も社会に溶け込むことができるように家庭的で明るいイメージの「少年・少女の家」にすること。一見、形は普通の病院だが、門と壁と窓の内側は空気が違う。

施設の南側は宇治市内にあり、平安時代（七九四―一一九二年）の面影を残す街並みの三キロ先には、国宝・平等院鳳凰堂（一〇五二年建立）がそびえ立つ。エンブレムとしての「平等院鳳凰堂十円硬貨」にいっそうの親しみを覚える。

二〇一五年秋、旅先の宇治で、窓はとりわけ意識された。普段とは違う空間と窓からの景色、旅の印象が宿泊先での体験に左右されるなら「窓とそこからの眺め」は貴重な記憶になる。

「極楽いぶかしくは　宇治のみ寺を敬へ」

平等院が建立されたとき、里人たちはこのように謡って、極楽浄土さながらの壮麗な美しさを称えたという。

それは一〇五二年の初春のことだった。御堂関白・道長の子、頼道は、宇治川のほとりにある別荘を終焉の地と定め、大伽藍を建立して平等院と名づけた。いま残っている鳳凰堂はその一部で、宇治川を隔てて七

堂伽藍がそびえ立っていたのだから、その盛観は想像を絶するものだったにちがいない。それは藤原文化の頂点に咲いた最後の花だったが、たびたびの戦乱に衰退し、再びもとの姿に復活することはなかった。しかし、その花のなかの花ともいうべき鳳凰堂が残ったことはせめてもの幸せだった。緑の自然のなかで、ゆるやかに翼を広げた建築が、池水に、窓から金色の光を放つ姿を映している風景に、藤原の昔を偲ぶことは必ずしも不可能ではない。

「平等院のあけぼの」はもっと見事だ。太陽が昇るにしたがって鳳凰堂は屋根から下へ向かって明けていく。それは昼と夜が真っぷたつになった奇妙な印象を与えた。そして輝くばかりの全景を現すのである。

朝日を浴びて白い壁が桃色に染まる。そして日光が水面下へ降りてくると、今度は逆にお堂を下から上へ照らし始める。水面に反射する朝日は強烈で、開いた扉窓から、金色に輝く堂内をまばゆいばかりに染めていくのだ。おそらく一生のうちに二度と見られない光景、「極楽いぶかしくは　宇治のみ寺を敬へ」。

本当のことを信じなければ、極楽も地獄もこの世の真実も見えてこない。

人間は一律ではないのだから平等な社会など実現できないという議論がある。

しかし、平等とは一律を意味するものではなく、限りなく開かれた世界観なのかもしれない。

現代に目を向けると、平等院の壁は閉じ込められた出口なしの世界だ。

フランツ・カフカの『変身』（一九一五年）、ドストエフスキーの『地下生活者の手記』（一八六四年）などの文学作品で追求されたのは「壁」「疎外」「孤立」という現代人が直面している閉塞感覚である。これらは、建築の部位でいうと個室、さらには個人主義の負の側面を描いているが、一方「窓」は、対極にある希望であり、「自由のシンボル」ともいえる。

最もわかりやすい閉塞状況は、必要最小限の窓しか設けない刑務所建築である。

住宅では広い窓への拡大傾向が見られたのに対し、刑務所は、縮小したものになったことが特徴である。

宇治平等院から車で五分のところにあるその建築物は、開け放された門、低い塀が張り巡らされ、表から見るとどこにでもありそうな公立病院のようだ。道路を挟んで向かい側には集合住宅があり、その奥には木々に囲まれた公園、そこには遊具が置かれ、母親に連れられて遊ぶ幼児の無邪気な笑い声が響く。偶然通り過ぎただけでは、ここが、西日本唯一の矯正医療センター（医療少年院）だということは、誰も気づかないのではないだろうか。

ここは本院、分院、中間期寮、合わせて約百八十人が収容されるつくりになっている。診療科目は八科（内科・外科・整形外科・婦人科・眼科・歯科・精神科・耳鼻科）あり、手術室とX線室がそれぞれある。延べ面積二万千平方メートルの大きい医療施設だ。

特徴といっても、鉄格子とバルコニーの手すりの穴あき折り板で、ソフトなセキュリティーが施されている程度だ。ここで過ごす患者は犯罪者や薬物使用者など多様だが、もちろん人々の目に触れることはない。センターの奥に入るには、軽く施錠された扉をくぐり抜けなければならない。

現在、こうしたセンターに入っていない若者についてもみていく必要があるかもしれない。一触即発を絵に描いたような佇まいで、尖っている若者が実際には増えている。人間関係が希薄になっているという指摘もよく聞く。コミュニケーションでも、自分のことを相手に伝えることも、相手のことを知ろうとすることも、面倒くさいという理由で求めない。それでも誰かとつながっていたいという気持ちはあるから、ひっきりなしにメールを送り合うことで不安を解消させる。ただ、メールでやりとりされる言葉は、思考言語というより、表面上つながっている共通の符合に見える。

子どもにかぎらず、人間が社会のなかでうまく生き抜いていくには、やはり、人と信頼し合ったり、言葉で自分を語ることでお互いに共感し合える関係を作ることが求められる。

個別の人間関係だけではなく、集団のなかで受け入れられるために何が必要なのかを理解しようとする試みに、「ジョハリの窓」がある。ジョハリの窓とは、アメリカの心理学者のジョセフ・ルフトとハリー・インガムが一九五五年に発表した「対人関係における気づきのグラフモデル」のことで、ふたりの学者の名前を合わせて「ジョハリの窓」と呼ばれるようになった。ジョハリの窓は、田の字型のABCD四つに仕切られたスペースに、ひとりの主人公に対してみんなが知っていることを書き込んでいく。主人公は自分自身のことを書く。

Aの窓は、自分も他人も知っている面、開放の窓で、Bの窓は、他人が知っているけれど自分は気づいていない面を表す、見えない窓である。Cの窓は、自分は知っているけれど他人は知らない面、隠された秘密の窓として表され、Dの窓は、自分も他人も気づいていない面、未知の窓である。ルールとしては、中傷してはいけない、結果を他の場に持ち込まない、言いたくないことは言わなくていい、などである。

次々と主人公を決めて、それぞれの窓を作っていくと、自分の窓の形が浮き上がってくる。トラブルを抱え込みやすいタイプは、BとCの窓が大きい傾向にある。逆にAの窓の面積が大きい人は、対人関係で深刻な問題の発生が少なく豊かな人間関係を築くことができる。

つまりBとCの窓の面積を小さくして、Aの窓の面積が大きくなるような流れを作ることが大事になる。窓の構造を変えるのはそんなに簡単なことではないが、Aの窓を大きくすることが生きやすさや自分の発見につながり、そのことが今後の生活のプラスになりそうだという感触を得てくれれば、いまの自分を知り、今後の自分を考える、そして自分らしい色（カラー）に染め上げていく、この課題の指導目標に一歩近づいたといえる。

開放的な設計、とりわけ「窓」を取り巻く環境は、少年・少女たちに望ましい影響を与える。

アントニン・レーモンド（チェコ、一八八八―一九七六）いわく、「窓の大きさを増すのは文明の拡大の暗示である」。帝国ホテルの建設（一九二三年）をきっかけに日本に滞在し、高崎市音楽ホールなどで活躍した建築家であるレーモンドは、単純性のなかに美を見いだす日本建築にモダニズムの精神性を発見し、特に日本家屋の開口について多くを語っている。大きな開口は文明の自由度の尺度とみなされるのだが、外敵から身を守るために強固な壁を造り、徐々に開口の大きさを広げてきた西洋建築に比べ、日本建築は自然なかたちで大きな開口を実現してきた。

窓は心と同じように、上下・左右に広げられ、人々の生きざまを社会に向かって開くのである。ちなみに、墓のファサードには窓がない。それは現実には誰にも会わないからだ。窓は生命であり、内部であり外部である。

近代化の過程で、窓を取り巻く環境は、様式からの脱却という建築潮流の発生、ガラスや金属の製造加工技術の発達、構造技術の変化、照明や空調といった設備、最近では、センサーやセキュリティーの電子技術など、様々な局面を迎え、窓の役割や形を大きく変化させてきた。窓の存在意義が揺らぐなかで、わたしたち建築家はその変化の意味を思索して学問としての建築と社会学、また心理学から窓の多様な解釈を進化させてきたといえる。

西日本少年矯正医療センターのデザインモチーフは「田の字の正方形」であり、「ジョハリの窓」文様をあしらっている。エントランスホールの床は、正方形を四五度斜めにしたダイヤモンド型のパターンを連続して敷きつめている。サイン計画でも「田の字の正方形」をデザインモチーフとしている。男子と女子、共用フロアと明快な区分に合わせた色彩計画は特徴をもたせている。共有カラーは黄色（ヒマワリ色）であり、花言葉は「あなただけを見つめている」。診療カラーは緑色（宇治茶色）を使用、ちなみに茶の木の花言葉は「追憶・純愛」である。

女子カラーは桃色（サクラソウ色）、花言葉は「青春の始まりと悲しみ、希望」。

男子カラーは青色（ショウブ色）であり、その花言葉は「うれしいお知らせ、優しい心」である。

ジョハリの窓は、この病院に、生き方の色を吹き込んでいる。

空間と形と色を、これからの彼らの人生にとって意味があるものとして感じ取ってくれることを願っている。

「最初の一歩を踏み出すのは勇気のいることだが、その勇気を自分に授けてくれるのは、最終的には自分以外にはいないのだ」（ジョージ・ルーカス〔アメリカ、一九四四—〕）

# 雑草とはその美点がまだ発見されていない植物である

——「心と庭・箱庭療法」世田谷区梅が丘福祉保健医療施設

物事をよくするのも悪くするのも見方次第、自分次第ではないだろうか。物事の悪い面ばかり見ず、いい面に目を向ける方法は、専門的には「認知のゆがみを直す」といい、鬱《うつ》の治療などに用いられる。

かつてこの地にあった、しかしいまはこの地にない松沢病院は、新宿から約二十分、梅ヶ丘駅から徒歩五分のエリアに建つ建築群だった。梅の木々で有名な羽根木公園に近く、隣接建築には都立光明特別支援学校があり、周辺は高級住宅街である。この松沢病院跡地に建設された世田谷区立の梅が丘福祉保健医療施設（区複合棟）の設計に関わった。地下一階は駐車場だが、柱の頭の部分には免震装置を付けている。一階には人材育成研修センター、救護・診療部門、二階には認知症サポート、三階には保健センター、四階には医師会や看護学校が入る。

また、前面アプローチ道路である梅が丘通りに面して、民間施設棟が計画され、一階には人材育成・地域交流・情報発信の共通機能があり、上階には高齢者障害者支援機能が入る。

コンセプトは「梅が丘モデル」。羽根木公園の区民活動と一体的につながりをもたせ、かつ、優れた環境性能と、安心の免震構造をもつ災害時の地域貢献施設を目指している。梅が丘特有の丘の段上台地を素直に建築に表現した、坪庭風の緑化段々テラスも設けている。

そのテラスには土を入れた植樹（＝床上緑化）を施し、各室の専用の坪庭のように機能させて、人々を癒す効果を持たせている。

人々の心の問題は、人間の根源の問題でもある。社会が複雑になったぶん、心も複雑になる。梅が丘の「テラス庭」は、心を回復させる「箱庭」として置換される。

そんなに広くはない、ある部屋のことを紹介しよう。

部屋の真ん中の大きなテーブルの周囲に人が立てる程度の広さで、テーブルの上には木の箱が置かれている。箱のなかには砂が入っている。壁面の棚には木、花、石、橋、船、動物、人間、家、ビー玉など、多くのミニチュアがびっしり並んでいて、その数の多さにびっくりするばかりだが、それは幼稚園のプレールームかおもちゃ置き場を思わせる。

ここは箱庭療法をおこなう心理療法のための部屋だ。イギリスの小児科医マーガレット・ローエンフェルト（一八九〇―一九七三）が一九二九年に発表したサンドプレーセラピーは、心の奥底に閉じ込めている悲しみや苦しさや傷を、砂遊びを通して箱のなかに表現していくというものである。

そして自分でも気づかない心の深い部分に潜む世界を、砂の上に表出させることによって、内的な変化が促され、対人関係などの外的な世界で変化が生じ、心理的な問題の解決につながる。

複雑な思いや心の奥深くに封印している傷や無意識下の自分を表現することは難しく、砂遊びのように非言語的な手法で自己実現することは、子どもや思春期の少年・少女には有効な方法とされている。

この手法が、臨床心理学者の河合隼雄（一九二八―二〇〇七）によって日本に紹介されたのが一九六五年。サンドプレーセラピー（砂遊び）を「箱庭療法」と名づけたのも河合である。欧米と比べて非言語的な表現が多く、お盆の上に石を置いて風景を作る盆石や、盆山、盆景や、箱庭で遊ぶ文化があり、その遊びを通して自分の世界を作ってきた日本人に適していると考えての導入だった。

ちなみに、湯川秀樹（一九〇七―八一）は幼い頃に、盆石遊びを通して「自分の世界観を作っていた」という。

箱の大きさは縦五十七センチ、横七十二センチ、高さ七センチ。両手を広げれば抱き込めるくらいの大きさである。箱の内側はブルーに塗られていて、なかには砂が入っている。

箱庭療法をおこなうには、セラピストとの深い信頼関係が求められる。セラピストによって心理的に守られている状態と、箱のなかに守られているという状態が重なったときに、安心して自分を箱のなかに解き放つことができるという仕組みだ。

そのような意味で、たとえどんな箱庭ができあがろうとも、成績や処遇などとは全く関係がないことを繰り返し説明して十分に理解してもらうこともまた大事な点になる。

だからこの試みは、本人がやってみようと自発的に思わなければならない。セラピストは近くで見守り、余計な介入はせずに終始受動的な姿勢でいることが大切なのだそうだ。しかし、ただ何もしないで傍観しているというのではなく、自分を表出できるような「場」を提供するためにそこにいるという「見えない役

目」を背負っている。箱庭を作ろうとする者が安心して心を開く気になれるような人格、「人間の器」といってもいいが、セラピストにはそうした能力が要求される。深層に隠しているものが重ければ重いほど、セラピストの人間としての度量の大きさが必要になってくるというわけだ。

箱庭を作っていく過程であまりにも不気味だったり、あまりに攻撃的だったり、セラピストの心に耐えられないような感情が芽生えたら、箱庭作りを中止することもある。仮に自分が「さて、なんでも好きなように作ってください」と言われたら、何をどう置いていくか考えると思う。これはとても意識的な行為である。二週間から三週間の間隔で箱庭を作成していくのだが、たとえば一回目の箱庭と六回目の箱庭を比べてみると、作成者のなかに明らかに変化が起きていることが感じ取れる。

箱庭から象徴的に現れたメッセージを、いかに深く受け止められるかによって共鳴し合う部分が大きくなり、それがフィードバックされて、さらに心の深くに潜んでいるものを浮かび上がらせる。

内的な世界をイメージとして表現していく過程は、自分のなかで未解決なこと、消化できないでいたものを、自分で発見して理解することにつながり、そのことが自己治癒力を高める。箱庭療法が期待するのは、まさに、自分で乗り越える力ということになる。

このプログラムは、一般教育のすべての根本に求められることのような気がしてならない。子どもたちが、本当に自立して生きていける力を育てるために必要なことを、どこかで切り落としてきてはいないだろうか。自分の力を引き出し、真正面から間違いを正してくれた初めての大人がセラピストであるなら、それは悲しいことのような気もする。

生まれてからどんな大人に出会ってきたかによって、子どもの未来は揺れ動く。

子どもに接するすべての大人は、子どもを幸せにするか不幸にするかの鍵を握っているという自覚をもつべきなのだろう。

大人の言葉や態度には、子どもが満足しているときには見えない様々な余韻や暗示がたっぷりと含まれていなければならない。

「人が育つ」ために、そして、わたしが「わたし」としてこの社会のなかで生き延びるためには「箱庭の創作」のような手と頭を使ったもののなかに、まずは棲みつかなければならないのではないか。

目や耳や口や指といった器官を使用し、体全部を移動させるだけでなく、言葉を使うことも必要だろう。そして言葉を使いながら、わたしたちは人としての「しなやかさ」、心の余白、奥行き、厚みを取り戻さなければならない。

体には「余白」というものが不可欠だ。サッカーのゴールキーパーの足元や、サーブを受けるテニスプレーヤーの腰の動きを見れば、一目瞭然である。次に起こるどのような事態にも対応できるよう体をリラックスさせ、余白を作り出している。これは次の機敏な動作のためのものなのだ。

わたしたちは、身のこなし方の「型・スタイル」をもち、かつ「兆し」「気配」「潮時」「塩梅」といった感覚的なものへのセンサーをうまく作動させなければならない。

梅が丘の「テラス床上緑化」も「箱庭の創作」も、建築の余白、奥行き、厚みの空間を意識している。身体を、くつろぎと心地よさのなかに漂わせるためである。

これこそ職人技である。「職人気質」というのは、生き方のスタイルのひとつの定型をなしているが、そこには自身の「庭」の創作の技を優先させる気概が満ち溢れている。自らの美意識だけを優先させるのではなく、全体にバランスよく高品質のものをたゆまず作り続ける「社会的な持久力」が必要だろう。

「型・スタイル」は押し付けられるものではない。

経験・体験のなかで、おのずと覚え、身についていくものなのである。

# 中国夢風景区3——ディテールは神に宿る

「木を見て森を見ず」というのは、大局観がない人、目の前の小さなことにこだわりすぎることへの注意だ。一方、「大局観だ、先見性だ」というけれど、そればかり気にしているようでは、何も見いだせない。要は、大きく見て小さなこともおろそかにしないことだ。本質を見極めるにあたり、大局も小さなこともすべてに配慮がなされていること、その細部に「人生の真実や真理」が示される。

神は細部に宿るという。この言葉は人生のみならず建築空間の本質をもついている。

ディテールは原則として、原寸であることへの凝視で、執着といえる。

しかし原寸だけが優れてよくて、全体がよくないという建築はひとつもないとわたしは思う。つまりいいディテールをもっている建築は必ず全体のコンセプトなり空間構成が優れていて、その基本概念を受けて細部までフォローするものとしてのディテールが存在するのだ。

ここしばらく、極太芯の鉛筆を使う日々が続いている。設計スケッチと執筆のためだ。

鉛筆削りも必要である。文具店に行くと、電動式のものがずらりと並んでいる。

しかし、わたしは手でハンドルをぐるぐる回して削るものを手に入れた。

あえて手動式にしたのにはもちろん理由がある。

電動式のものは、ひとたび鉛筆を突っ込むとあっという間にきれいに削れるが、どこまでも削れてしまい、一本まるごと削り尽くすこともできる。

鉛筆をカッターで削っているときにはありえないことだが、そのあっけなさにはどうも魅力を感じない。

物事は自分で労を尽くして作り上げ、価値を上げるものだ。

そしてもう残り三センチになるかというところまできたら、補助キャップをはめて使う。たとえば、文豪の遺品のなかにそんなものを見つけると、作家の精神まで垣間見る思いがする。この小さなもの、それが大きな価値をもっていることを見抜く力が大切だろう。

様々な「細工」にこだわる生活の仕方は、小さなものの価値を大事にするものとして貴重である。「小細工」などといってネガティブイメージをもたれながらも、ものづくりの精巧さには工芸の粋が込められたりしている。

「台北故宮」の文物のような、小物の価値をこれほど見事に実現したものをわたしはほとんど見たことがなく、本当に驚かされた。

より小さいほうへと志向する精神は、どう見てもアグレッシブに打って出て勝とうとする精神ではない。それでいて小さなものに価値を与え、知恵を出して「美しい」と思わせ、全体を

安心させる。
巨大なものよりもむしろ、「本物」を明らかにする小さなもの、手作りのものを大切にする習慣を生み出したいものだが、そうした執念を感じさせる小宇宙、集中力の秘密を、わたしは「台北故宮」で見たのである。
中国絵画のなかでも正統派といわれる北画の特徴は、微細な線条による写実にある。たとえば、一本の樹木を描くとき、葉の一枚、枝の一本もおろそかにしない。葉脈にいたるまで、毛筆の筆先に力を込めて書き込むのである。黒い墨によって輪郭や線条を書き込むことを「骨法」というらしい。それがない絵は、北画の世界では骨がない絵として軽視される。

中国では、絵画の「画」とは、一尺の布に世界を「画する」という意味だという。色彩や陰影が尊重される西洋画とは、本質的に異なる点である。

その「骨法」は、彫刻の世界にも求められる。その極限を追求したものが、いわゆる「微刻（微細彫刻）」である。木、竹、梅やなつめの種、米粒など、わざわざ小さな素材を選び、極小の彫刻によって、無限大の宇宙までも表現しようというものだ。

「多層球」は故宮博物館で最も名高い象牙彫刻のひとつである。

故宮博物館の微細な細工が施されたものの技術水準の高さには驚くばかりだ。

当時は、設計のプロセスのなかで使われる模型作成のための３Ｄカッターのように、コンピューターで動くような特殊な精密加工機械があったわけではない。

自分の腕一本を頼りに、何カ月も、何年もかけてコツコツと作り上げたのだろう。ナイフの刃先が一ミリ滑っただけで、それまでの苦労は吹っ飛んでしまったことが何度もあったにちがいない。技術以上にその精神の集中力に驚くばかりだ。

その微細さは、写実の精神の表現である。

わたしが考えるに、究極的には、より小さなもののなかに、より大きな宇宙を封じ込めようとする執念が見え隠れする。

つまり、極大な宮殿や長城を築く執念を裏返しにしたものが、極小の微細彫刻を作らせたのではないだろうか。

日本の建築でも「シンプルにして明快」かつ「細部が極められている」ことが、美しく精巧で、完成度が高いものとして評価される。見えないところにも手を抜かず、むしろ見えないところに手を尽くす。「用の美」を超えて「無用の美」に到達する。そこにはある種の心地よさが潜んでいるのではなかろうか。

ディテールが独り歩きしている建築は、どんなに高いレベルだろうとも、本質的な意味でディテールが施されているとはいえない。

ディテールはまず全体を受けて立つものであり、それが表に出るか出ないかは全体の構成によって決まることであって、そのどちらだろうともディテールが部分として全体に参加している度合いで評価されるのだ。

## 言葉だけが乖離していたことに気づく場所

――「百花繚乱五島列島」島原市新庁舎（長崎県）

実際に目にしたものだけでなく、肌で感じたもの、食したときの味覚や、さらには一年に一度の花の香りなどを楽しむことを通じて、日本人は世界で最も「時を待つ」ことができる人々だといえるのではないだろうか。

というのも、わたしたち日本人は好奇心に溢れていて、外から入ってきたものをどんどん取り入れる。とりわけ長崎は、外から入ってきた多様な文化や食が楽しめる都市のひとつである。

長崎県の風光明媚な五島列島を背景に、島原市新庁舎の設計が進行中だ。敷地は島原市の中心市街地、「まちなか公園」に隣接する。庁舎西側の商店街側には多様なイベントをおこなえる「大手広場」を計画している。二階には「市民開放が可能な会議室」に沿って大手川に面した「川床デッキ」を設けるなど、市民交流のための豊かなスペースが特徴だ。テーマは「すべてが市民交流・重層する大手デッキを造る」。三つのコンセプトのひとつ目は、島原全体を見渡すことができる「四方正面の四層の低層庁舎」（一階は窓口部門、二階三階は執務、四階は議会部門、延べ面積は約八千平方メートル）。ふたつ目は、交流を誘発するデッキを連続させる。三つ目は、島原地域特有の「湧水」を生かした環境作りだ。デッキを支える「森のなかの木々のような柱」があり、その空間をよりどころに、日本特有の「市民交流」、つまり日本独特の「巧みな交流」を促す。

唯一の神をもたない日本の世界観は、異質なこと、新しいものに対して寛容だといわれてきた。しばしば指摘されるように、結婚式はキリスト教の教会でおこない、元旦には近所の神社に初詣にいき、葬式は仏教でという日本人の行動は、ひとつの信仰を重視する文化に属する人から見れば「支離滅裂」にさえ見える。しかし、わたしたちの生活実態からすれば、それほど不自然なことをやっているようにも感じられない。

好奇心を刺激するもの、生活に便利なものならば、世界のいかなる文化圏に由来するものでも、貪欲なまでに取り入れようとする国柄である。その一方でとても保守的で、頑固なまでに変わらない「大黒柱」のようなものがある。

この「柱」の意味を、わたしは「島原」を通して見極めようと考えている。

「ここまで」という領域を超えると進入を拒む。あるいは、ときに原型をとどめないまでに自分たちの流儀に変えてしまう。この両義性が日本文化のありかただと思う。

たとえば、平城京や平安京といった古都、律令制のような政治の仕組み、現代の日本語表記に欠かせない「漢字」、そこから派生した「ひらがな」「カタカナ」と、中国文化からの影響は圧倒的である。

ところが、あるところから先は、影響を排除する。中国語の発音に近い「音読み」についても、日本語の「五十音」の体系にデフォルメされてしまっている。

「表象」での無原則なまでの柔軟性と、「柱」での保守性、ふたつの相容れない志向性が日本文化の核心を貫いている。このうち「柱」での保守性は、特に島原など長崎地域に見られる「キリスト教」の受容と排斥の歴史で最も典型的に表れている。

日本社会はキリスト教の宣教師に対して最初は比較的、寛容だった。

織田信長は布教を容認した。高山右近のような「キリシタン大名」も現れた。しかし豊臣秀吉が一五八七年に「バテレン追放令」を出すことで状況が一変する。秀吉の世界観と、キリスト教のそれが相容れなかったのである。

その後、幕末のペリーの黒船来航など、西洋文明の軍事力などの物理的な力が脅威とされたが、秀吉や江戸幕府が恐れたのは、キリスト教に付随してきたなんらかの「感化力」だった。

当時の日本人が恐れていたもの、現代の日本でも侵入を拒んでいるもの、そのようにして守っている「柱」とはいったい何なのだろうか。

二〇一五年四月十九日、わたしは五島列島堂崎教会に向かった。

現代の日本国内でキリスト教は、全人口のおよそ一、二パーセント程度だという。人口の約三〇パーセントをキリスト教が占める韓国に比べて、極端に少ない。

それでいて表面的に見れば、日本はキリスト教の習俗が浸透しているように見える。クリスマスの時期になれば街にイルミネーションがともり、「クリスマスキャロル」が流れる。人々はプレゼントを交換し、恋人たちは「イブ」をどこで過ごすか工夫を凝らす。このような表面的な受容にもかかわらず、核心の部分ではキリスト教の信仰体系は入り込んでこない。

表面だけに浸透し、「柱」の部分に浸透しない現象は、検証に裏打ちされた仮説を繰り返し積み上げる設計作業とは対極にあり、ここに先進技術国・日本に関する深いパラドックスがある。

江戸時代に、迫害を逃れて信仰を貫いた「隠れキリシタン」だが、厳密にいえば逃げも隠れもしていない。地元の人々は「古キリシタン」または「旧キリシタン」というらしいのだが、言葉だけが乖離していることに気づく場所だ。

彼らについて考えることはすなわち、今日に至る日本人の特性について考えることではないだろうか。

五島市内の堂崎教会天主堂（一九〇八年に建立）は美しい入り江にあった。教会に至る海の道を縁取る穏やかな海で、遠浅の水のなかに足を浸すと、そのままずっとまどろんでいたくなる。

島外から買い入れたレンガはなんと四十万個で、島民の献金と勤労奉仕によって建てられている。祭壇の床には有田焼のタイルが敷かれ、天井には木目を描くほどの細やかな細工、教会に対する信者の並々ならぬ思いがある。

明治になって禁教令が解かれ、各地で「隠れキリシタン」が発見されるようになると、教会堂の建設の気運が高まった。

ある習俗がどんな背景に由来するかを問わず、なんでも許容して受け入れる精神がここにはある。現代日本の生活の豊かさの一部はまちがいなくそのような「心の広さ」に由来している。

同様に、柔らかな軟体動物のような日本の「柱」には、それがキリスト教だろうと、科学主義だろうと、ひとつの体系にがんじがらめにされることを拒絶する何かがある。

湖かと思うほど入り組んだ海の表情を見るたびに、心のなかに懐かしさを感じながら、この島をとても好きになる。いたるところに花が溢れていた。

十字架の形をした墓標の前、マリア様の下。祭壇の上、美しい花に埋もれた島。

この島を離れるとき、花々はすでにかすかな記憶となる。

花に埋もれた島に出合い、日本の「柱」を思う。

遠くからしか見えない「真の柱」がある。

時代はめぐる。

悪いときが過ぎれば、いいときは必ずくる。何かを成し遂げるには、時がくるのを待つことを大切にしなければならない。

あせらずあわてず、静かに時がくるのを待つ。

時を待つ心は、花咲く頃の姿といえるだろう。だが何もせず待つことは僥倖《ぎょうこう》を待つに等しい。

静かに待つ花は一瞬の体力をも無駄にせず力を蓄えている。

蓄えた力がなければ、時がきても事は成就しない。


島原市新庁舎は、新しい時代の中心的な教会の役割を果たしてもらうような建築にしたいと思っている。多彩な「柱」を使うことでその象徴性を可能にすると期待しているのだが、島原では「柱」は目に見える実体で独占されるものではなく、むしろ、空間の余白や残余のイメージとして考えている。

空白に向かい合うということでの緊張関係があるだけで、かえって虚の空間的焦点として浮かび上がる。「一本の柱」つまり「一本の大樹」ではなく、「多彩な柱」の存在、つまり「森の交流」である。その空白こそが、「巧みな交流」を生み出せるのではないかと考えている。

すべての人々の「巧みな交流」という名の「間合い」、そして「柱」の強さを合わせ持った空間の創造。

人々は広場を行き交う。

「それでもなお、わたしたちはみな、それとは知らずに包まれる」

# 記憶は水のなかに漂う記録に命を吹き込む

## ――「東京・わたし・計画」東京の水辺舟運構想提案

橋の向こうに橋があり、さらにその向こうに橋がある。それらの橋は、河口に向かって小さくぼやけ、その下をよどんだ一本の川が続いている。川底をさらう船が行き来する日もあれば、夕焼けだけを映して水が真っ赤になっている日もあり、欄干の上にともされた提灯が水に映って揺らめく。あれは夏の光景だっただろうか。水に浮くゴミを追いかけているうちに、ふいにこの都市が干潮と満潮を抱える水都であることに気づいたのも橋のほとりだったと記憶している。その頃は船が浮かぶあたりに通う日々が続いていたのである。

いま「東京・わたし・計画（東京湾海運舟運構想）」という独自提案プロジェクトを進行させている。東京の海辺を、「渡し」の発想を応用し、橋渡しのようにつなげながら、一人ひとりの「わたし」が主体的に関わることを意味している。二〇二〇年東京オリンピックをきっかけに、五つの輪を足し（輪足し＝わたし）ていきながら、「水都ＴＯＫＹＯの日常的舟運」を再生する試みで、自分にとっては挑戦である。

周辺一帯は、たとえば、戦前は永井荷風（一八七九―一九五九）の『濹東綺譚』（一九三七年）のような世界が広がっていた。江戸っ子芸者が行き交う向島の花街の奥に、吉原の赤線地帯と玉ノ井の青線地帯がうごめいていて、戦後、売春防止法のもとで赤線・青線は解体されたものの、艶っぽい雰囲気は残っていた。

この場所の環境面について、一九七〇年代前半を隅田川のほとりで過ごした友人が語ってくれた。

「当時の隅田川はヘドロが厚く溜まっていて、大雨の際の決壊を防ぐためにカミソリ堤防と呼ばれた高い堤防で隅田川は見えない状態だった。春から秋の気温が高い時期には、隅田川から立ちのぼる生ゴミの腐りきったような悪臭と長命寺の桜餅の匂いが交じり合って、教室のなかに押し寄せてくる。学校の校庭には、毎日、黄色い旗や赤い旗があがる。光化学スモッグ注意報は黄色で警報は赤色、旗が立つと校庭での体育やクラブ活動は禁止になる。それでも、早朝に登校すると、向島の花街の黒板塀のなかから三味線や小唄が聞こえてくるなどの花街の香りもする一方、向島と道を隔てて隣り合っている玉ノ井周辺は空気がよどんだような雰囲気があった。玉ノ井駅（現・東武線東向島駅）から高校まで歩くなかで、街の空気感が変化していくの

が感じられた。隅田川を渡れば浅草の町が広がり、浅草寺の裏手の道にはクリカラモンモンのお兄さんが雪駄履きで闊歩する姿があった。浅草周辺にも光と闇の世界があって、子どもながらに、そんな町の歩き方を肌で感じ取っていった。思えば、人の体臭が感じられる町だった。その後、隅田川のヘドロがすくい取られ、カミソリ堤防が取り払われて、開放的なキレイな町へと変わっていった。キレイキレイになりすぎて、なんともつまらない町になってしまった」

「春のうららの隅田川」と子どもの頃の耳に懐かしい東京の大水路が、荒川と新河岸川であり、その分岐となるのが岩淵水門のあたりだ。ちょうど赤羽あたり、東京都北区のはずれである。いくつもの水路に分かれてこの巨大な川に流れ込む水の源流は、奥秩父の山のなかからの細い雪解けの水。都市に流れ込むとき、水はすでに山間を流れた水とは別物と化している。源流から湾に流れ込むまでずっと同じ名をもたないように、流れを変え、色を変えていく。気体から液体に、また液体から気体へと循環する水の宿命でもあるだろう。水の集合体であり、同時に様々な土地の有機物の集合体である川は、源流を出発したときから循環という運命のなかにいるのだ。

二〇一五年の四月十日、わたしは春の隅田川べりを歩いていた。

隅田川が隅田川として知られるのは、かろうじて千住大橋のあたりまで。その先から荒川と合体する岩淵水門のあたりまで川の名が人々の記憶のなかから薄れていくのは、現在、簡単に利用できる水上の交通網が、浅草のあたりでプッツリと途切れているせいでもあるだろう。「上り下りの旅人」が行き来した水の道が、いつから途切れたのかは定かではないけれど、人は地上から川を見る暮らしのなかにどっぷりとつかり、川は都市の真ん中にまるでデッドゾーンのように取り残されたのだった。

隅田川の道は、ちょうど二十四年前、一九九一年四月、浅草から荒川遊園のあたりまで水上バスが延長された。都市の真ん中に取り残されたような飛鳥山、そのほとりの高層ビルから、分かれて流れる川の面がかろうじて見える。春になると桜に酔い、遠く川を眺めては町屋の花見を楽しんだ場所も、いまは高いビルに囲まれて谷のように低く、川は薄くセロハンのようにしか見えない。その薄い色は、下町の活気を帯びて走る都電荒川線の線路の輝きに比べると、どこか寂しげだ。

土手から下を見れば、何万という人々が住む街の上に赤々とした春の西日が差し、白い建築の群れが、薄赤く反射しながら縦横に広がっている。

秋には、浅草・吾妻橋のほとりから、船で隅田川河口に向かって下り、途中から神田川、日本橋川に入って、再び隅田川に戻り、東京湾を一周した。

吾妻橋を出発した船は、広々とした隅田川からヘドロを浮かべた神田川へと入っていく。このあたりから速度は落ち、船頭は川の深さを注意深く探りながら、のろのろと船を進めていった。

倉庫や冷凍会社の白いビルが立ち並んだ隅田川の風景は一変して、川岸には古いビルや家屋がびっしりと並び、水面は暗い谷底のようだった。重く黒い水のせいか、暖かくヌルリとした管状の通路を下っていくような気分だ。見えるものも全てが風景の裏側にあるようなものに見えてくる。ビルの裏面、家々の裏窓、いずれも湿気を吸って灰色に曇り、薄汚れている。なかには、崩れかけた物干し台もある。川はかなり最近まで荷物用の運搬通路として使われていたはずで、古いビルの壁面に必ず階段状の船寄せがあるのは、そこが船を迎える玄関として使われていた名残だ。

ここだけを見ればゴーストタウン、それでいて、水の道には原始的な感情を刺激する懐かしい匂いがあって、古いビルの船寄せを見るたびに、湿った昔の玄関をくぐってみたいという思いに駆られる。閉ざされた玄関の奥に、見知らぬもうひとつの都市がそっと息づいているような気がするのは、どこもかしこも新しくツルツルと滑らかになったいまの東京に、うんざりしているせいかもしれないし、この都市が失っていく母性的なものへの郷愁のせいかもしれない。

船は暗い橋の下をいくつもくぐり、日本橋川から隅田川に戻り、いつの間にか目の前には広々とした東京湾が開けていた。お台場、羽田空港、京浜工業地帯の低い影、都心には高層ビルの重なりがある。それらはまぎれもなく現代の東京の顔であり、船の上から見る都市の風景は、キラキラとして美しい。曇っていた空は幸いなことに薄日が差し、高層ビルの壁が玉虫色に光っている。その風景は薄い粘膜質の膜で覆われた繭の群れのようだ。それらのビルの重なりを見ながら、どこか遠いところに行っていたような浮遊感を覚える。

それはある種の母性にすっぽりとくるみ込まれたあとの心地いい酩酊にも似ていた。湾の向こうに広がる都市は静かだ。目を細めて見ると薄青い水の上にポッカリと浮かぶ水上都市のようにも見える。その都市の地底には、わたしが歩いたもうひとつの散歩道があり、いまも暗い水をたたえ、どこかに続く入り口を開いているはずだが、湾を隔てたここからは見えない。その道はいつか昔の水の道のようによみがえるのか、それとも少しずつ失われていくのか……。

隅田川舟運に、東京の歴史と未来の風景を夢見る。

隅田川十八橋、とりわけ、江戸時代に架橋されて浮世絵にも登場する「五橋」から始まる、いわば歴史回遊だ。

両国ターミナルを拠点として千住大橋・吾妻橋・両国橋・新大橋・永代橋。人々が、陸と川が交錯する。「築地」は、その名のとおり「埋め立て地」であり、ここに運河で囲まれた「楽園という人工の島」を造りたいと思っている。その次は「浜離宮」。東京のオアシスであり、潮入りの池とふたつの鴨場をもつ江戸時代の代表的な大名庭園の浜離宮恩賜庭園内の再生をおこなってみたい。

そして美しい人工のビーチ「お台場」、さらに二〇一四年六月に発表された「品川新駅」は、JR東日本が山手線三十番目の新駅として二〇二〇年東京オリンピック時に完成を目指すが、運河が近接しているので、そのルートのなかに新駅と直結したターミナルを構想している。

記憶を収集して再構築すれば、あの懐かしい風景がよみがえるはずである。

一度この目で見た、東京の川の水が織り成す都市のひそやかな回路、それは、すなわちわたしのなかに浮かぶ暖かく豊かな世界だ。

## 少ないものに集中し、多くの可能性を引き出す
### ――「レス・イズ・モア、実用の極美《きわみ》」東京都立公文書館

絵画・彫刻・書道などの美術や芸術が、わたしたちの暮らしのなかにないからといって生きていけないわけではない。その類いのものを知らなくても十分に豊かな生き方をしている人たちは大勢いる。ただその人たちも、美術という近代になって系統づけられたものを鑑賞していないだけで、よくよく見ると、その人々の周囲には「美の基礎」といったものがしっかりと存在している。

一度も美術館に足を踏み入れたことがない農民は、一枚の絵画より美しい朝の日射しにきらめく農園や、ゆったりと大地に沈む夕日を眺めているし、同様に、漁師たちもこの世でいちばん美しい海を知っていることだろう。つまりわたしたちが生きている環境は原始から「美」に抱擁されている。哲学の世界では、「美」は人間が美しい対象を見て、そこではじめて感動を覚えて認知するものではなく、人間というものに最初から「美」を認知でき、感動できるものが備わっているという議論もある。

わたしたち人間には生まれながらに美しいものを求める心があるようだ。他の生物の心はわからないが、花にしても蝶にしても、ツンドラ地帯をひとりさまよう白いオオカミにしても、そこに存在するだけで美しいものなのである。

美しく存在することとは、生き物たちに与えられた「原始の幸せ」なのかもしれない。わたしは「美」に関わることが好きだ。好きというより、憧れているのかもしれない。その感情は、幼少期の記憶からきている。子どものときに過ごした青森、あの頃からわたしの旅は始まったと思う。

棟方志功の版画と、ねぶた祭りの彫刻的極彩色、「跳ねと」の乱舞の極彩、太鼓の響きは、すべてがわたしの「美」の基礎になっている。至福の時間と空間だったのかもしれない。

その点で、個人的には美術鑑賞に特別な勉強はいらないと思う。

子どもの目がすべての対象物を純粋に見つめるのと同じように、素直な目で鑑賞すればそれでいいと思っている。美しいものはそれ自体がわたしたちに語りかけてくれる。わたしたちの体のなかには、美しいもの

を発見し、理解できる能力が生まれながらに備わっているのだ。「本物」を見ることで、それが美しいものへの感受をより深いものにしてくれる。

「本物」のなかには、いままで「芸術性」を前提にしていない公文書というものがあると、わたしは、都立公文書館の設計をきっかけに意識するようになった。世界の行く末を、日本の行く末を決定した締結文書は美しいと感じる。勅語、実用文書は、芸術性を前提としていないものだけに、ある見方をすると「究極の美しさ」を醸し出す。

これは建築美に似ている。

つまり、単純化したもののなかに美を見いだそうとする日本文化の粋に相似していると思うのである。

わたしは、東京都公文書館の設計に関わり、公文書というものの美に焦点を当てたいと思うようになった。テーマは「森のなかのアーカイブの森」。建築の構成として、二百万点を超える保存部門が二階と三階の二層の大半を占め、利用部門（公開機能と事務管理機能）は一階のガラス張りの透明な部分であり、まずは建築自体が博物館のようなソリッドで美しい造形をイメージしている。

国分寺市の都立武蔵公園の西側、東山道沿いに公文書館は計画されている。

隣接する都立多摩図書館もわたしたちの設計・監理で進んでいるが、二館が並んで、より相乗効果を発揮すると思われる。

公文書は美しい。建築とアートの優しい関係と同じように、なんといっても実用の極みの「公文書」が、そこはかとなく「美」的ともいえるアートの領域を包んでいると思えてならないからである。それはまさしく「レス・イズ・モア」といえるものではないだろうか。空間の装飾的な要素を取り払っていけば、新たな価値が見えてくる。

ミース・ファンデル・ローエ（ドイツ、一八六六―一九六九）は近代建築の巨匠だが、その彼が残したのが「レス・イズ・モア（少ないことはより豊かなこと）」という名言である。「豊かさ」とは何だろうか。それは経済的な裏付けだろうか。人間はすべてのものを手に入れても、欲というものにはきりがない。それを追えば追うほど、「ある」ものではなく「ない」ものに心が執着していく。しかし、ゼロでは生きていくことはできないし、「より少ないことは、やはり、より少ないことだ」になってしまう。本質は違うところにある。

「レス・イズ・モア」の意味するところは、できるだけ少ないものに集中すれば、それをより生かすことができるということである。そうすることで、多くの可能性を引き出せる。つまり、自分にとって最も大事なものにフォーカスしようとすることが重要なのであって、公文書はこの精神を暗示している。

多くの国民にとって全くの関心外だっただろう法律が二〇〇九年六月二十九日に成立した。「公文書の管理等に関する法律」である。地味そのものといえる法律なのだが、長年、制定を待ち望んできた人の言によれば、「まさか生きているうちに具体化するとは考えられなかった」ほどの驚きだという。公文書という言葉の響きから、そのインパクトを想像するのは難しい。民主主義国家には、当たり前の法律なのである。それをいま、日本はようやく手にしたのだ。公務員の意識は変わり、日本の社会、文化、芸術にも少なからず影響を与えるだろう。公文書あるいはもう少し広くいえば、「アーカイブス（記録資料）」が、よりよい社会を作るうえでいかに重要な存在であるかがわかってきたのである。

それを示すひとつ目の例として、「除籍簿」という記録の存在がある。結婚や死亡などによってひとつの「家」に属していた人の名は徐々に抹消されていく。そしてついに、家に誰もいなくなったとき、戸籍は抹消されて除籍簿に移される。ひとつの「家」があり、そこに固有の名前の人が属していたことを記した名簿である。ところがこの除籍簿でさえ、八十年が経過すると廃棄される。よほどの著名人でないかぎり、この世に存在したことの記録さえ消えてしまうのである。よく知られているとおり、戸籍制度は日本独自の制度である。よくも悪くも、古くは奈良時代から日本の伝統・文化のひとつとして機能してきたものだが、しかし廃棄されてしまえば、ある人間がこの世に存在したことを公に証明するものは何もないことになる。そこから垣間見えるのは、日本という国が、一人ひとりの国民をどのように見てきたかのスタンスである。

貴重な歴史資料である除籍簿は、住民の存在証明にとって不可欠な記録資料であることから、これを、公文書館に移管して保存管理し、研究に役立てることが望ましいのではないか。多くの地方自治体では、除籍簿の廃棄がおこなわれているが、保存期間を八十年ではなく永久保存にしてほしいと考える。

もうひとつの例は、大きな事件や災害を犠牲者の多寡で測ってしまうようなところがあるが、数で示したその裏に、一人ひとりが歩んできたそれぞれの人生があるということだ。一万人には一万人の、五千人には五千人の個性、生き方、人生がある。一人ひとりの名を刻むということは、それを確認するための作業でもある。

市民証明書、戸籍、免許、契約書、図面、地図、発掘資料、美術・建築・都市・服飾、産官学の共同研究の資料ばかりでなく、あらゆる公文書が、人間が人間として存在したことの証し。それが記録資料「アーカイブス」の意味するところである。

極論すれば「進化する人と進化しない人の違いは記録を残すか残さないか」。「後世を意識するかしないか」の違いと言い換えることもできるだろう。わたしたちは、後世を意識した生き方をよりいっそう実践していく覚悟が必要である。

このように世界の記録管理やアーカイブスの分野では、それらが本来的にもっている効果を改めて強く意識する傾向にある。

残念ながら、日本の記録システム（アーカイブス制度といえる）は、人が生きた軌跡を十分に生かすほどに整ってはいない。逆に、個人情報の流出が相次ぐと「記録の破棄こそが重要だという一面的な議論」が先行しかねない。しかし、情報流出などの問題も、実は根は一緒であり、記録・管理やアーカイブスのシステムが貧弱なことが原因のひとつだ。

わたしたちはいま、「記録と記憶の効果」について考え直すときがきているのではないだろうか。

こうした記録することの重要性を思うとき、詩人トーマス・スターンズ・エリオット（イギリス、一八八八—一九六五）の言葉は印象的で、示唆に富んでいるように思われる。

「現在の時と過去の時とは
ともにおそらく未来の時の中にあり
未来の時も過去の時の中に含まれていよう。
かくあったかもしれぬということはひとつの抽象で
絶えざる可能性としてとどまるものなのだ。
過去の時と未来の時とは
僅かな意識しか許容しない
未来の時も過去の時の中に含まれていよう
意識するということは時の中にいることではない。
しかし、瞬間が
記憶に残されうるのだ。……過去と未来に巻き込まれてだ。
ただ時を越えてのみ時は克服される」

「未来は過去の中にある」とアーカイブスはいっている。

# 純粋は欲望と隣り合わせ、欲望に忠実であることが純粋の証しだ

——「美に向かうまなざし・グラスゴーから京都へ」京都女子大学図書館

どうして多くの人が京都という街に憧れるのだろうか。

京都に通い詰める日々が続くと、そのような思いがいや増してくるのである。

京都女子大学図書館の工事が進んでいる。女子大にふさわしい取り組みとして、施工にも女性の積極参加を図り、空間の使い方に現役の女子大生がワークショップで参加している。圧倒的な量の本に囲まれたダイナミックな閲覧空間「知恵の蔵」と、アクティブなラーニングコモン（京女コモン）である「交流の床」は完成が近づいている。

一度この古都を訪れた人は、いつかまた訪ねたいと思うようだ。

古都と書いたが、人々は、都というものに、ある種の憧憬を抱くのかもしれない。

二〇一四年十二月七日、イギリス・グラスゴーの旅では、もっぱらわたしは、視察と観察の日々だった。あるとき、ひとりの男がわたしに話しかけてきたことをここで記してみたい。

「わたしは二十年前に日本を旅したことがあって、その折に京都を訪ねた。あの街の美しさは世界のなかでも有数だと思う。あの街の美しさはどこからきているのだろうか」

「そんなに美しいのか」。同行していた他の男が京都を訪れた男に聞く。

わたしは、どう説明すればいちばんわかりやすいか、悩んだあげく以下のように説明してみた。

「あの街が美しいのは、西暦七九四年に天皇が新しい都市を作ろうと都にふさわしい土地を探し、三方を小高い山に囲まれ土地の中心に河が流れていたあの場所を見つけて作り始めたことから始まる。「都」の模範になったのは中国の唐だ。天皇が住む邸を中心に路がタテとヨコに均等に通され、多くの仏教の寺が東西に建てられた。それから千年の間、そこは都として栄えた。途中、戦災にあったことは何度かあったが、「都」は京都から移ることはなかった。つまり、美しい寺や木々、路地は千年の歳月をかけて磨かれ、育まれた。この千年の歳月を「都」として生き続けた街は世界のなかにも他に例がない」

さらに続けて——。

「世界で都と呼ばれる土地には象徴的な丘陵と川が必要と思われる。パリのセーヌ川、ロンドンのテムズ川、ニューヨークのハドソン川、古くは、エジプトのナイル川。新しい水と風がその土地にいつも流れ込んでいることが大切で、あとは人。そこに住む人の美意識が不可欠で、そういうものを京都と日本人が兼ね備えていた。あとは四季があること」

その日本の四季の心地よさとは裏腹に、その頃のヨーロッパは大寒波に見舞われていた。

ニュースを見るたびに、雪で閉鎖される空港の数が増えていく。ここロンドンの石畳にも灰色の雪があとからあとから落ちてくる。風情があるという言い方もできるが、このところの暖冬に慣れた身には厳しい冷え込みだった。石造りの街は、足元からの冷え込みもかなりつらいものがある。

ところで、若者が溢れ返る場所には活気がある。活気は希望、夢の裏付けである。そんな場所はほとんどが都会にあるといっていいだろう。大半の若者はどうしても都会に憧れる。これは古今東西、共通している。目には映りにくいが、人間が手にしたがるほとんどの力が都会にはある。その最たるものが、富であり、力である。若者は力に憧れる。

幼少期から思春期に至るまで、己の力のなさを知る。そして力とは何かを体得する。しかもそれを傍観することで、強者と弱者の領域が歴然と存在していることを知る。

若者にとって力は絶対的なものとして映る。時代を制するものが力であることは歴史を見ればわかる。力は、時代によって変化する。知力であり、軍事力であり、様々な権力であったりする。また、つながる力やコミュニケーションの力もあるだろう。力を欲して若者は都会に群がる。力を得ることに固執するのは、人間社会の本能である。

若者は目を血走らせ、都会の群集の向こうにあるはずの「力」を探し、さまよう。

その姿は、昨日のわたしであり、あなたなのかもしれない。

欲するものに向かって懸命になることは少しも愚かな行為ではない。

それが手に届かず、あえぎ、もがき、苦しみ、悩む姿はごく当たり前の姿だ。その結果、失望、絶望の淵に佇む者もいる。それでいいのである。そこから怒りが生まれ、反抗が始まる。己を見る。己を知る。このおそらく人間が体得するもののなかでいちばん厄介なものを得る過程で己の欲望を見つめ忠実に行動することが、まずありきなのだ。若者は欲望のかたまりでいいのではないか。

それが似合う人生の季節のただなかにいる。純粋は欲望と隣り合わせている。

欲望に忠実であることが純粋の証しだ。たっぷり欲望に付き合い、そして、ジタバタすることだ。

グラスゴーの旅には「ボーダー」という名称がある。かつてローマ帝国と帝国支配を拒絶した民とが、帝国の北限で殺戮を繰り返した土地からその呼ばれ方は始まった。

荒涼とした国境から都会に入るとそこは若者の活気で溢れていた。旅の目的はわたし自身の欲望を確かめることだった。

チャールズ・レニー・マッキントッシュ（イギリス、一八六八―一九二八）。十九世紀の終わりから二十世紀のはじめを生きた建築家である。

なぜ確かめたくなったのか。「歴史のなかの変わり者のひとり」として彼の名前があがったのを記憶していたからである。

「カラバッジョの喧嘩」「ドフトエフスキーの賭博」「レンブラントの破産」「ゴッホの狂気」そして「マッキントッシュの飲酒」とあった。だが、マッキントッシュの飲酒に関する資料は日本には皆無で、何ひとつ手がかりがない。

マッキントッシュは晩年、酒に溺れた時期があったというが、その程度しかわかっていない。そこでマッキントッシュの土地に行ってみようと思い立ったのである。陰気で暗い街の印象が残ったのだが、訪れた季節が晩秋だったからかもしれない。グラスゴーを訪れたのは初めてのことだった。

まず、マッキントッシュが現在もその名前を残し、彼が生きた時間の軌跡を目にすることができる建築を見にいった。グラスゴー美術学校である。ルネサンスを生んだのは、従来の師弟制度への反抗である。教会が、王が望んだ絵画の否定である。

解放といえば聞こえはいいが、そんなものはいつの時代にもありはしない。人間はいかなるものからも解放されたことはない。

美の定義からして解放なるものは存在しないだろう。美術と論理は相反するところにあるものだ。

美術学校を訪れると、大勢の若者がたむろしていた。

人種が雑多であるところがいい。

どの国でも群がる姿は同じである。自分たちの世界がすべてで、それでいて目はいつも外に向けられている。「自分たちの世界は未来につながっている。何者にでもなれる」という誤解と妄想の精神と、「もしも目の前に欲望の対象が現れたならそのすべてを手に入れ、食べ尽くしてやる」という力がみなぎっている。

無気力な若者が多い！　それはべつにいまに始まった話ではない。若かろうが大人だろうが無気力な者はいつの時代にもいる。

外観は古い印象だ。なかに入ると古さは感じなかった。

ヨーロッパの古建築はそのようなものが多いのだが、それは建築がいまでも息づいているからだ。グラスゴー美術学校はマッキントッシュが二十七歳のとき計画したものがコンペで採用され、設計から十五年の歳月をかけて完成させたものである。その建築がいまでも学び舎として使われ、美術を学びたい学生が椅子に腰を下ろし、壁に背をもたせかけ、窓辺に頬杖をついている。机も壁も若い脂が染み付いていた。

図書館に入ると、様々な光彩を取れるようにマッキントッシュが設計していたのがわかる。「アールヌーボーからアールデコに移行する過程がそのままここにある」。つまり、一八九〇年代から一九一〇年代にフランスで生まれた「つる草のようにうねる曲線を多用して組み合わせたデザイン」であるアールヌーボー（新しい芸術）が室内インテリアの一部とロビー家具などに見られる。そして二〇年代から三〇年代に起こった「簡潔さと合理性を目指したデザイン」であるアールデコ（芸術革新）が、建築外観や書架などに見られる。このようなデザイン潮流があっても、大切なのは居心地であるのだが、それは悪くはなかった。

思いは、再び、二〇一六年七月七日の京都に飛ぶ。

京都女子大学図書館も同じように日本独自の、現代の「アールヌーボーとアールデコ」を混在させている。アールヌーボーは、京都らしい黒っぽい勾配屋根や、日本の伝統色に共通する。アールデコは、欧米によくある図書館のような書庫と閲覧が一体になった「知恵の蔵」のデザインに活かし、そしてガラスで囲われた開放的な「交流の床」も現代のアールデコといえるだろう。

ここには、新しい京都の「ＴＨＩＮＫスタイル」が巻き起こるはずだ。

再び、グラスゴー美術学校。

わたしは気の向くまま階段をのぼり、廊下を歩き、制作途上の絵画や彫刻が並べてあるアトリエを覗いた。そこでひとりの若者が一心不乱にキャンバスに向かっていた。

遠い自分に出会ったような「ばつの悪さ」があった。

女子学生は、わたしに気づき、にらんだ。

その目こそ美への創作の源なのだ。

## 中国夢風景区4——白菜喝采

「イル　フォルモサ！」——

約四百年前、航海中のポルトガル船長が、エメラルド色をした台湾を発見したときの第一声とは、このような賛辞に満ちたものだったという。

石垣島から西へ飛ぶとすぐに見えた麗しの島（イル・フォルモサ）、九州とほぼ同じ大きさのこの島は、森林や湖、滝、大渓谷を擁する山岳地帯や奇岩が並ぶ海岸線など、感動的な大自然が凝縮されているばかりでなく、植物と昆虫の宝庫でもある。

古いものと新しいものが融合された独自の雰囲気がある都市、それが台北だ。

日本統治時代に建てられたルネサンス様式の建築は、現在は台湾総統府になり、建国の父・孫文の「国父史蹟記念館」は孫文が滞在した日本旅館をそのまま記念館としたものだ。龍山《ロンシャン》寺《スー》は台湾では最も有名な寺院のひとつだが、一七三八年創建で、本殿は観音菩薩、御殿には道教の神々が祀られている。

台北の旅の三日目、最終日も「台北故宮」を訪れたのだが、この博物館の最大の強みは、宋代の書画や陶磁器をそろえていることである。

宋代は中華文明の最高到達点である。限られた時間、限られたスペース、また国民党政府の台湾移転直前という厳しい条件下で、故宮のキュレーターたちが台湾に持ち運ぶことにしたのは、宋代の収蔵品が中心だったのだ。

中国では、「玉石混交」「玉石同砕」というように、玉と石はそれぞれ善悪、賢愚の代表として対比される。

それならば何をもって「玉」と「石」の別を見分けるのか、実はたいへん難しい。

中国最古の字書『説文解字』（一〇〇年）によると、「玉」とは「石の美しいもの」で、なおかつ「五徳を備えたもの」と定義されている。

美しければなんでも「玉」だというわけにはいかないのである。

「人徳」ならともかく、「玉徳」とは何か。

『説文解字』はこのようにいっている。「仁（しっとりとした温かみ）」「義（内面が表にあらわれ、中を知る）」「智（発する音が遠方に響く）」「勇（曲げられるくらいならむしろ折れることを選ぶ）」「潔（鋭利でありながら人を傷つけない）」。しかし、これこそ、正真正銘の「玉」だろうという決め手としては客観性に欠ける。

わたしが見た『翠玉白菜』は、故宮博物院の代名詞にもなっている有名な文物である。葉の緑はあとから染め上げたものではない。翡翠の原石の緑と白を巧みに生かした彫刻である。ところがこの翡翠が玉に相当するかどうかとなると問題がないわけではない。というのは、翡翠は古代中国で玉といわれたもののなかには含まれないからである。そんな翡翠がようやく玉並みの扱いをされたのは、清の時代（一七五〇年頃）だという。

それまでは「玉にあらず」として見向きもされなかった翡翠

が、爆発的な人気を呼び、玉よりもはるかに高価になったという記録が残る。

翡翠に「玉」としての公認を与えたのは、清の西太后（一八三五―一九〇八）だった。

西太后は清朝末期に摂政として権力を振るった悪名高き女傑だが、翡翠の首飾りがことのほか好きだったらしい。

そのために、西太后に取り入ろうとした重臣たちが競って翡翠を贈ることになって、翡翠の格が上がったといわれている。

この『翠玉白菜』も光緒帝（西太后の甥）の妃・瑾妃が嫁入りに持参したものとされ、西太后の権勢を象徴するような文物である。

光緒帝は、この『翠玉白菜』を「清々白々」（高潔な人格というほどの意＝清は国名であると同時に野菜を意味する青と同音）と呼んだ。

しかしよく見ると緑の葉には二匹のキリギリスが止まっている。彫刻として見るとき、自然石の色合いとともに、そのキリギリスが見どころのひとつなのだが、世間では皮肉を込めて次のように言う。「清（青い葉、すなわち清朝）は、キリギリスに食われて滅びた」

光緒帝は晩年、伯母にあたる摂政の西太后に幽閉され、不遇のうちに病死した。

清朝を倒した辛亥革命が起きたのはその三年後だった。

ふと岐阜の「さざれ石」を思い出す。「さざれ石」は、日本のデザイン美を語るうえでこの上ないものである。「小さなも

のへの愛着」は、坪庭や茶室に見られる。「生活のなかの美」は盆栽や茶碗に見られる。「手にして楽しむ」ことは、扇子に見られる。
微細美の極みだ。このようなジャポニズムは、アールヌーボーに見られる「曲線美」「自然美」と同じなのである。

白菜がたどった運命は、建築がたどる生きざまそのものである。

時代の価値で酷評されもすれば、また逆に、脚光を浴びることもある。

わたしのデザインが見てくれる人の情緒に訴え、その人に感動をもたらし、心の底で理解してくれたら、ということを願っている。

建築というものの経験それ自体にわたしは満たされていたい、そう思うのである。

# エピローグ

旅は思わぬ出会い、思わぬ人の一言を耳にして
考えさせられることが多々ある。
本書は、そういう旅で出会った言葉なり、人の行動、
生き方、視座を描いたものだ。
執筆が始まり、終わろうとしている。
しかし、わたしの場合、
事前に自分がやろうとしていることの
全体像を把握していることはめったにない。
あくまで、仮定であり、その過程を通して、
触発と刺激を肌で感じながら、
ひとつの節目を迎えたときに、
ようやくわたしがしようとしたことの輪郭が少しずつ見えてくる。
現前化しつつある建築の輪郭は、
おぼろげながらわたし自身のものとなってきた。
わたし自身も気づいていない不思議な意味をもって、
時間と空間が存在していくのである。
それはたとえ短く、つかの間のものであれ、
生き方を鮮やかに映し出すものであることが少なくなかった。
いつしか、
「満たされつつある建築」を実感する視界のなかで
その不思議な輝き方をしている風景を切り取ることに

情熱を燃やすようになっていた。

わたしの文の枠を超え、思考を強化し、丁寧に絵を描いていただいたのは、イラストレーターの夜久かおりさんだが、
かつては満たされなかった建築の風景から
満たされつつある建築の風景へと昇華し、
自身の豊かな想像力と広がりをもたせることに情熱を注いでいただき、ここに深く感謝申し上げる。
言葉と絵は行ったり来たりを繰り返しながら、
新しい世界を切り開いていった。
次第に、言葉は洗練され、淘汰され、
同時に絵も深みと説得力を増していった。
コラムでもなく、エッセーでもなく、ノンフィクションでもなく、
小説でもない、新しいスタイルの、創造の旅は続く。
さらなる感謝の念は、
本書を「最初から最後まで」ではなく、
「最後から最初まで」という、逆算の発想を与えていただき、
見届けてくれた青弓社の矢野恵二さんに向けられなくてはならない。
終わりから俯瞰するストーリーを示唆し、常に保ってくれたほどよい距離感は、
満足いくレベルになりつつある。
おそらく誰もが願っていること。
それは、「わたしの人生には意味がある」という実感を得ることだ。
自身で自分の人生を納得するということは、とても大切なことだ。
そして「価値観や生き方の美学」をもって
人生の手応えを感じることができれば、どんな困難も乗り越えられる。

わたしの大先輩、寺山修司の言葉が突き刺さる。
「貧しい想像力の持ち主は貧しい世界の終わりを持ち、
豊かな想像力の持ち主は豊かな世界の終わりを持つだろう」

豊かな想像力へ、さらに一歩、別の地点に踏み出さなければならない。
それが、進むべき方向の前なのか、横なのか、後ろなのか、
わたしには定点は存在しない。

## 参考文献

重松一義『図説 世界の監獄史』柏書房、二〇〇一年
松岡正剛／赤坂真理／斎藤環／中沢新一『「日本人」とは何者か？』（教養・文化シリーズ 別冊NHK100分de名著）、NHK出版、二〇一五年
石井頼子『言霊の人 棟方志功』里文出版、二〇一五年
長部日出雄『棟方志功の原風景』津軽書房、二〇一五年
布施英利『美の方程式――美＝完璧×破れ』講談社、二〇一〇年
川畑秀明『脳は美をどう感じるか――アートの脳科学』（ちくま新書）、筑摩書房、二〇一二年
淺沼圭司『ゼロからの美学』勁草書房、二〇〇四年
田中久文『日本美を哲学する――あはれ・幽玄・さび・いき』青土社、二〇一三年
井出孫六『わすれがたい光景――文化時評2000―2008』みすず書房、二〇一〇年
中上紀『アジア熱』太田出版、二〇〇四年
日本放送出版協会編『故宮博物院13 玉器』日本放送出版協会、一九九九年
板倉聖哲／伊藤郁太郎『台北国立故宮博物院を極める』（とんぼの本）、新潮社、二〇〇九年
坂本道徳、高木弘太郎写真『軍艦島――廃墟からのメッセージ』亜紀書房、二〇一四年
斎藤茂太『いい言葉は、いい人生をつくる――人生を楽しむ「成功」の処方箋』ぶんか社、二〇〇二年
三島由紀夫「美と力」の接点・体操」、講談社編『東京オリンピック――文学者の見た世紀の祭典』（講談社文芸文庫）所収、講談社、二〇一四年、六七―六九ページ
石原慎太郎「聖火消えず移りゆくのみ」、同書所収、一一七―一一八ページ
結城和香子『オリンピック物語――古代ギリシャから現代まで』（中公新書ラクレ）、中央公論新社、二〇〇四年
ジム・パリー／ヴァシル・ギルギノフ『オリンピックのすべて――古代の理想から現代の諸問題まで』舛本直文訳、大修館書店、二〇〇八年
佐々木紀彦『5年後、メディアは稼げるか――MONETIZE OR DIE?』東洋経済新報社、二〇一三年
池上彰『池上彰の新聞活用術』ダイヤモンド社、二〇一〇年
橋本五郎『新聞の力――新聞の読み方で世界が見える』労働調査会、二〇一三年
山田順『出版・新聞絶望未来』東洋経済新報社、二〇一二年

山本武利責任編集『新聞・雑誌・出版』(「叢書現代のメディアとジャーナリズム」第五巻)、ミネルヴァ書房、二〇〇五年
伊集院静『美の旅人――フランスへ』小学館、二〇〇七年
田原幸夫『建築の保存デザイン――豊かに使い続けるための理念と実践』学芸出版社、二〇〇三年
青土社編集部編『クジラとイルカの心理学』青土社、一九九七年
茂木健一郎『脳で旅する日本のクオリア』小学館、二〇〇九年
辻田真佐憲『ふしぎな君が代』(幻冬舎新書)、幻冬舎、二〇一五年
青木淳『原っぱと遊園地――建築にとってその場の質とは何か』王国社、二〇〇四年
家森幸男『世界一長寿な都市はどこにある?――食・健康・ライフスタイル』岩波書店、二〇一一年
片岡義男『町からはじめて、旅へ』晶文社、一九七六年
吉永みち子『子供たちは甦る!――少年院矯正教育の現場から』集英社、二〇〇七年
鈴木嘉吉/工藤圭章責任編集『不滅の建築3 平等院鳳凰堂』毎日新聞社、一九八八年
浜本隆志『「窓」の思想史――日本とヨーロッパの建築表象論』(筑摩選書)、筑摩書房、二〇一一年
新井敏記『人、旅に出る――『Switch』インタビュー傑作選』講談社、二〇〇五年
早坂昇治『馬たちの33章――時代を彩ったうまの文化誌』緑書房、一九九六年
武市銀治郎『富国強馬――ウマからみた近代日本』(講談社選書メチエ)、講談社、一九九九年
キャロライン・デイヴィス編著『図説 馬と人の歴史全書』別宮貞徳監訳、東洋書林、二〇〇五年
J・クラットン=ブロック『図説 馬と人の文化史』桜井清彦監訳、清水雄次郎訳、東洋書林、一九九七年
不二龍彦『天皇のすべて――歴史から公務、資産まで、「天皇」を余すところなく詳解 より深くより楽しく』(学研雑学百科)、学研パブリッシング、二〇一〇年
官公庁資料編纂会企画・編集『日本の皇室・世界の王室』官公庁文献研究会、二〇〇二年
ジェームス・M・ケリー『免震構造と積層ゴムの基礎理論』日本振動技術協会訳、藤田隆史監訳、東京電機大学出版局、二〇〇五年
沢木耕太郎『「愛」という言葉を口にできなかった二人のために』幻冬舎、二〇〇七年
片岡義男『謎の午後を歩く』フリースタイル、二〇〇二年
津田晴美『旅好き、もの好き、暮らし好き』(ちくま文庫)、筑摩書房、二〇〇一年
浜井浩一編著『刑務所の風景――社会を見つめる刑務所モノグラフ』日本評論社、二〇〇六年
ノーマン・ジョンストン『図説 監獄の歴史――監禁・勾留・懲罰』丸山聡美/小林純子訳、原書房、二〇〇二年
内田洋一『風の天主堂』日本経済新聞出版社、二〇〇八年
五十嵐太郎/東北大学五十嵐太郎研究室編著『窓と建築の格言学――窓学』フィルムアート社、二〇一四年

伊集院静『作家の愛したホテル』日経BP出版センター、二〇〇九年
古屋奎二『故宮博物院秘宝物語――中国四千年の心をもとめて』淡交社、一九九一年
保坂和志『途方に暮れて、人生論』草思社、二〇〇六年
椎名誠『風景は記憶の順にできていく』(集英社新書)、集英社、二〇一三年
横尾忠則『人工庭園』文藝春秋、二〇〇八年
上田篤『日本人の心と建築の歴史』鹿島出版会、二〇〇六年
茂木健一郎『僕たちは美しく生きていけるのだろうか』幻冬舎、二〇一一年
加藤周一、スタジオジブリ編『日本 その心とかたち』(ジブリlibrary)、スタジオジブリ、二〇〇五年
白井晟一『無窓』晶文社、二〇一〇年
松岡資明『日本の公文書――開かれたアーカイブズが社会システムを支える』ポット出版、二〇一〇年
記録管理学会/日本アーカイブズ学会編『入門・アーカイブズの世界――記憶と記録を未来に 翻訳論文集』日外アソシエーツ、二〇〇六年

鳴海雅人・ポートフォリオ

1958年　青森県生まれ
1976年　000県立青森高等学校卒業（000青森市立長島小学校・000青森市立南中学校卒業）
1980年　000芝浦工業大学工学部建築学科卒業（1990年ハーバード大学JFK行政大学院修了）
1981年　株式会社　佐藤武夫設計事務所（現・株式会社佐藤総合計画）入社、執行役員、アーキテクトサークル・プリンシパル、現在にいたる　000
〈現住所〉千葉県鎌ヶ谷市

◉2010年以降の主要作品
2009年（東京都）018葛飾区中央図書館
（東京都）019青梅市中央図書館
（山口県）020岩国市庁舎（公共建築賞）
2010年（東京都）021青梅市庁舎（日経オフィス大賞）
（埼玉県）022東京農業大学附属第三中高（東松山キャンパス）
（群馬県）023高崎市医療保健センター・中央図書館（BCS賞、日本建築学会選集、JIA賞）
2011年（栃木県）024宇都宮市南図書館
（福島県）025会津若松市生涯学習センター・図書館
2012年（東京都）026東京工業大学附属図書館（BCS賞、グッドデザイン賞、日本建築学会選奨）
（千葉県）027千葉大学附属図書館アカデミック・リンク（グッドデザイン賞、千葉市景観賞、日本建築学会選集、JIA賞）
2013年（東京都）028明治大学生田地域連携交流館、029立正大学付属中高馬込キャンパス、030墨田区統合図書館
2014年（新潟県）031聖籠町図書館
2015年（千葉県）032東邦大学薬学部新棟
（栃木県）101下野市庁舎
（栃木県）102佐野市庁舎
2016年（千葉県）033東邦大学健康科学部新棟
（東京都）105東京都立多摩図書館
（福岡県）108西南学院大学図書館
2017年（京都府）106京都女子大学図書館
（新潟県）107新発田市立図書館
〈2017年設計・監理中〉
（高知県）104高知県市統合図書館
（福島県）103須賀川市新庁舎
（東京都）110中央省庁建築免震レトロフィット
（宮城県）109大崎市図書館
（長崎県）111長崎県立・大村市立一体型図書館
（長崎県）112島原市庁舎
（青森県）113五所川原市庁舎
（青森県）114青森市庁舎プロポーザル当選案
（東京都）115東京ビッグサイト増築
（岡山県）116山陽新聞配送センター
（東京都）117昭島市生涯学習センター
（東京都）118皇居内建築プロジェクト
（福岡県ほか）119拘置所・刑務所建築（西日本方面）
（京都府）120少年矯正医療センター
（東京都）121世田谷区梅が丘福祉保健医療施設
（東京都）122東京都立公文書館
（栃木県）123日光市庁舎
（新潟県）124柏崎市庁舎
（埼玉県）125深谷市庁舎
（栃木県）126栃木市文化芸術館・文学館
（東京都）127中央区立図書館（基本計画）
（山口県）128宇部市庁舎
（千葉県）129千葉大学アカデミックリンク（松戸キャンパス）

◉対外活動
（社）日本建築学会、（社）JIA日本建築家協会会員／登録建築家、CASBEE評価委員

◉国際公募コンペなど
201坂本龍馬記念館コンペ、202那覇国際空港ターミナル、203仙台国際空港ターミナル、204関西国際空港ターミナル、205静岡国際空港ターミナル、206青森県立美術館、207愛知県民会館コンペ優秀賞、208新潟市民ホールコンペ佳作、209第二国立国会図書館関西館、210東京国際フォーラム、211岐阜市図書館プロポーザル、212（東京五輪2020）国立霞ヶ丘競技場、213東京・わたし・計画、214大阪美術館

◉著書
細田雅春／岡河貢／鳴海雅人『予感の形式』（Trans modern file）日刊建設通信新聞社、1997年
大串夏身／鳴海雅人／高野洋平／高木万貴子『触発する図書館』青弓社、2010年
吉田邦雄／髙橋徹／齋藤繁喜／鳴海雅人／澤井一善『つなぐまちづくりシビックデザイン』日刊建設通信新聞社、2014年
鳴海雅人『人生は満たされない建築で溢れている』青弓社、2014年
鳴海雅人／渡辺猛／牛込具之／吉田朋史／大橋秀允／高瀬真人『ほんものづくり』建築ジャーナル、2014年

000　：出身校・自邸・その他

001～：建築作品（完成）

101～：建築作品（進行中）

201～：企画・コンペ・プロポーザル案

資料提供：株式会社 佐藤総合計画

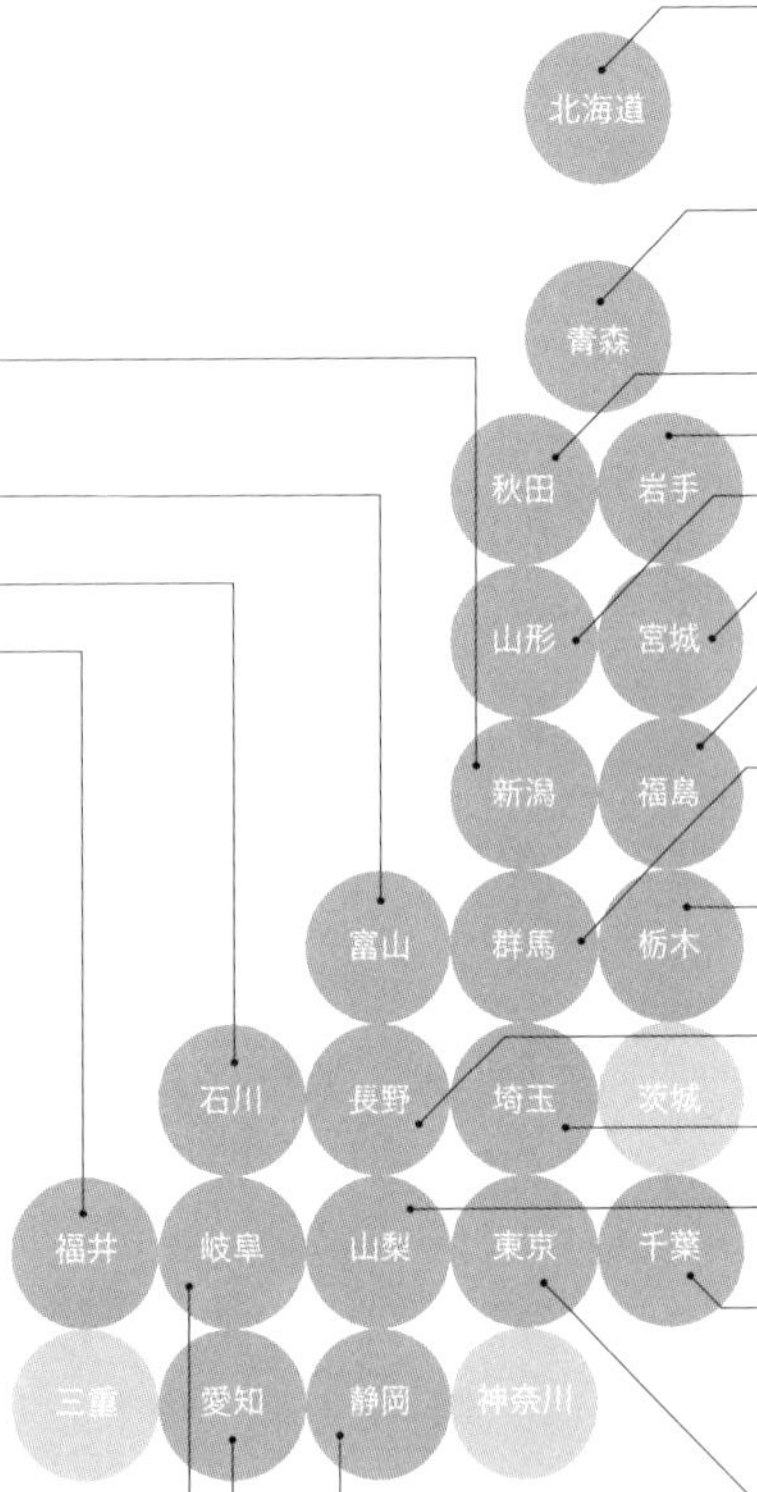


北海道
000　北海道開拓記念館
000　旭川市庁舎

青森
000　青森市立長島小学校
000　青森市立南中学校
000　青森県立青森高等学校
206　青森県立美術館コンペ
**113　五所川原市庁舎**
**114　青森市庁舎プロポーザル当選案**

秋田
000　秋田市庁舎プロポーザル

岩手
000　岩手県民会館

山形
000　天童市文化会館

宮城
203　仙台国際空港ターミナルコンペ
109　大崎市図書館

福島
025　会津若松市生涯学習センター・図書館
103　須賀川市新庁舎

群馬
023　高崎市医療保健センター・中央図書館

栃木
024　宇都宮市南図書館
101　下野市新庁舎
102　佐野市新庁舎
**123　日光市庁舎**
**126　栃木市文化芸術館・文学館**

長野
000　長野県民会館

埼玉
022　東京農業大学附属第三中高（東松山キャンパス）
**125　深谷市庁舎**

山梨
000　山梨県立図書館プロポーザル

千葉
000　鳴海雅人・鎌ケ谷市自邸
000　市川市文化会館
027　千葉大学附属図書館アカデミック・リンク
**032　東邦大学薬学部新棟**
**033　東邦大学健康科学部新棟**
**129　千葉大学アカデミックリンク（松戸キャンパス）**

東京
000　芝浦工業大学
018　葛飾区中央図書館
019　青梅市中央図書館
021　青梅市庁舎
026　東京工業大学附属図書館
028　明治大学生田地域連携交流館
029　立正大学付属中高馬込キャンパス
030　墨田区統合図書館
105　都立多摩図書館
110　中央省庁建築免震レトロフィット
210　東京国際フォーラム
212　（東京五輪）国立霞ヶ丘競技場
213　東京・わたし・計画
**115　東京ビッグサイト増築**
**117　昭島市生涯学習センター**
**118　皇居内建築プロジェクト**
**121　世田谷区梅が丘福祉保健医療施設**
**122　東京都立公文書館**
**127　中央区立図書館（基本計画）**

静岡
205　静岡国際空港ターミナル

愛知
207　愛知県民会館コンペ優秀賞

岐阜
211　岐阜市図書館プロポーザル

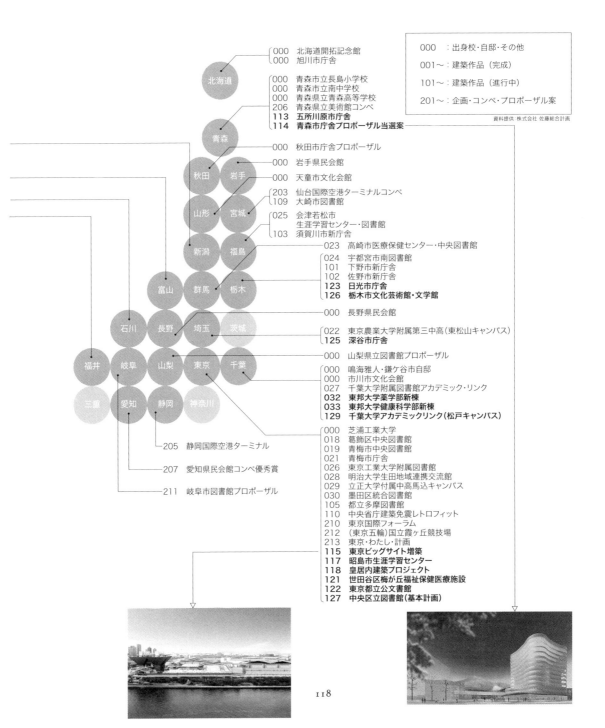

## 鳴海雅人・建築作品への旅地図その2

031　聖籠町図書館
107　新発田市立図書館
208　新潟市民ホールコンペ佳作
**124　柏崎市庁舎**

000　富山県立美術館プロポーザル

000　日銀金沢支店

000　福井県立博物館

000　びわ湖ホール

106　京都女子大学図書館
209　第2国立国会図書館関西館
**120　少年矯正医療センター**

000　奈良史跡文化センター
000　奈良県立図書館プロポーザル

000　和歌山県立大学プロポーザル

000　近畿大学附属豊岡女子短大講堂

204　関西国際空港ターミナルコンペ
214　大阪美術館コンペ

000　鳥取県立公文書館

**116　山陽新聞配送センター**

004　福山市総合保健福祉センター

020　岩国市庁舎
**128　宇部市庁舎**

108　西南学院大学図書館
**119　拘置所・刑務所建築**

000　大分県立美術館プロポーザル

000　武雄市図書館

000　長崎県庁舎プロポーザル
**111　長崎県立・大村市立一体型図書館**
**112　島原市庁舎**

000　延岡市庁舎プロポーザル

000　鹿児島県市庁舎プロポーザル

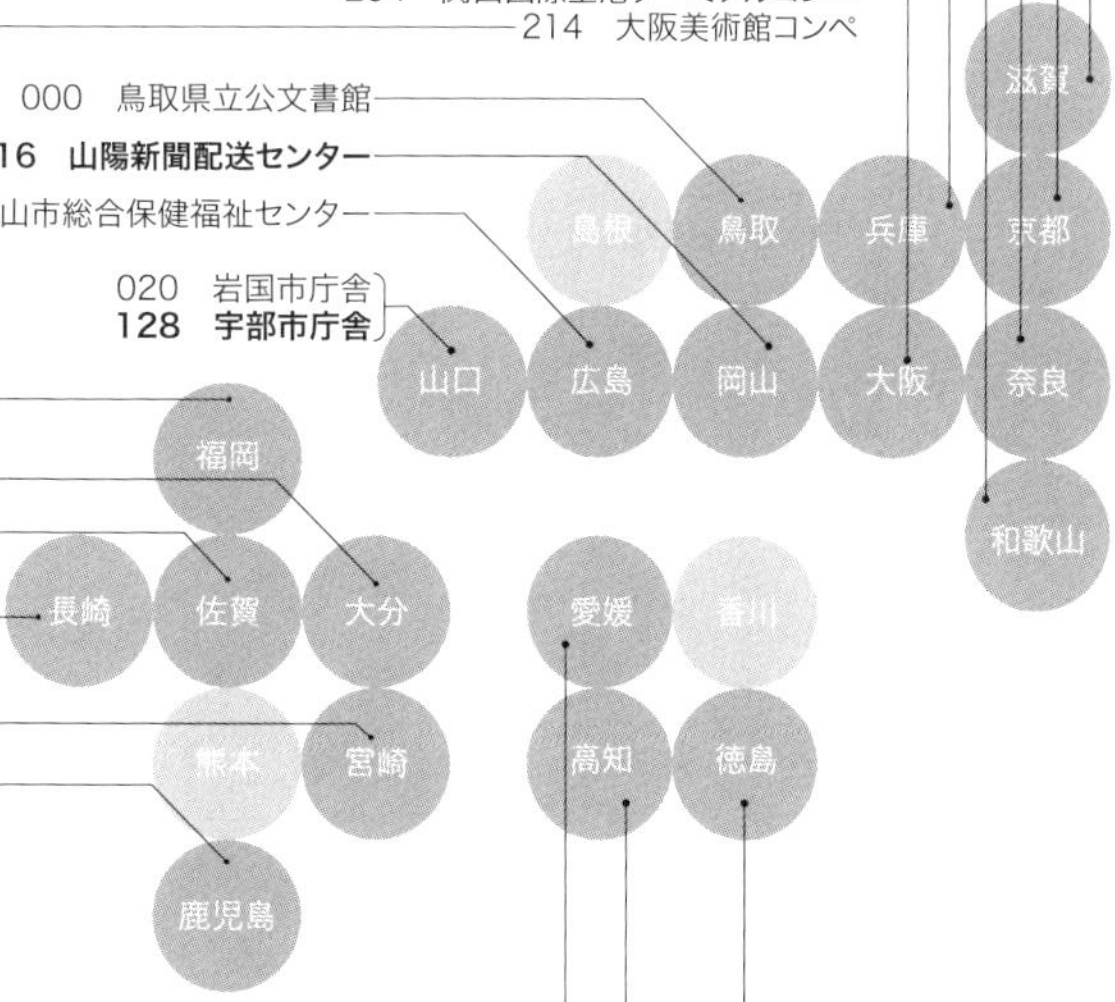


000 松山市総合コミュニティセンター

104 高知県市統合図書館
201 坂本龍馬記念館コンペ

000 徳島県立博物館

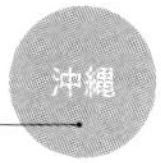


202　那覇国際空港ターミナルコンペ

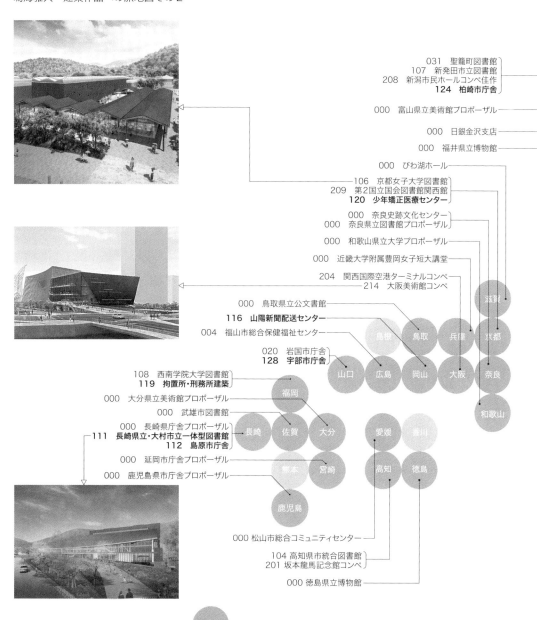

［略歴］

夜久かおり（やく かおり）

1985年、熊本県生まれ

イラストレーター、イラストレーターズ通信会員

https://chicaotaki.jimdo.com

受賞歴

東京装画賞2015　坂川栄治賞

装画を描くコンペティションvol.16　入選

仕事

装画；高樹のぶ子「旅する火鉢」（2016年）、高樹のぶ子「夢の罠」（2016年）、高樹のぶ子「ポンペイアンレッド」（2016年）、高樹のぶ子「私が愛したトマト」（2016年）（いずれもKindle Singles）

挿絵；彩藤アザミ「屛風と豆仏」（2016年9月号）、彩藤アザミ「時の尾」（2016年4月号）、彩藤アザミ「こどくの星」（2016年2月号）、彩藤アザミ「片翅の蝶」（2015年2月号）、彩藤アザミ「サナキの森」（2014年10月号）（いずれも「小説新潮」新潮社）

大西智子「君を置き去りにして」（2017年2月号）、大西智子「圧倒的に愛が足りない」（2016年9月号）（いずれも「小説すばる」集英社）

宮城徳子「未完の自分史——遺棄した死体はそのままで」（「月刊J-novel」2016年5月号、実業之日本社）

花房観音「町の名前」（「小説現代」2015年8月号、講談社）

高林さわ「ピアノの下」（「小説ジャーロ」2015年夏号、光文社）ほか

作品タイトル

［著者略歴］
鳴海雅人（なるみ まさと）
1958年、青森県生まれ
芝浦工業大学建築学科卒業後、1980年に佐藤総合計画（旧佐藤武夫設計事務所）に入社、現在、執行役員、アーキテクトサークル・プリンシパル
日本建築学会、JIA日本建築家協会登録建築家、CASBEE評価委員。主に公共建築のコンペやプロポーザルから設計・監理まで、100件以上に関わる。グッドデザイン賞、BCS賞、建築学会選奨、JIA賞、公共建築賞、図書館建築賞、まちなみ景観賞など多数を受賞
著書に『人生は満たされない建築で溢れている』、共著に『触発する図書館』（ともに青弓社）、『予感の形式』『つなぐまちづくりシビックデザイン』（ともに日刊建設通信新聞社）、『ほんものづくり』（建築ジャーナル）

人生《じんせい》は満《み》たされつつある建築《けんちく》で溢《あふ》れている

発行　2017年3月19日　第1刷
定価　2000円＋税
著者　鳴海雅人
発行者　矢野恵二
発行所　株式会社青弓社
〒101-0061 東京都千代田区三崎町3-3-4
電話 03-3265-8548（代）
http://www.seikyusha.co.jp
印刷所　三松堂
製本所　三松堂

ISBN978-4-7872-9244-5 C0095